簿記のススメ

人生を豊かにする知識

上野清貴［監修］

創 成 社

まえがき

本書は、国民のすべての皆さんが簿記を学習し、習得するとどんなに得をし、有意義な人生を送れるかというお話です。

本来、簿記の知識は、特定の領域や業務にかかわる人たちだけが必要とするものではなくて、およそ社会生活を営むすべての人にとって有用かつ必要であるといっても過言ではありません。現在、わが国では、簿記は主に商業高校および大学の商経関連学部において専門科目として教育されていて、それ以外の人たちは簿記に触れる機会がほとんどありません。それゆえ、意識するとしないとにかかわらず、生きていくうえで、さらには社会活動を営むうえで、簿記を知らないことによるもったいなさが多くのところで生じています。

そこで本書は、国民皆簿記習得を目指して、専門としての簿記ではなく、「教養としての簿記」を習得するための簿記の内容とその方法について、皆さんにお伝えすることを目的としています。具体的には、たとえば、（1）中学生および商業科以外の高校生、（2）商経関連学部以外の大学生、（3）経理関連部署以外に所属する勤労者、（4）主婦、（5）中小企業経営者、（6）年金生活者などが習得すべき簿記の内容とその方法についてお伝えすることを目指しています。

本書は、そのための準備として、まず会計専門家でない著名人の「簿記を知ることによる成功体験」をプロローグとしてお話しします。そしてそのあとで、国民皆簿記習得に向けて、「教養としての簿記」の内容やその方法などについて本格的に述べていきます。

これらの内容をお話するために、本書は、第1部「簿記のススメ」、第2部「簿記教育のむかし」および第3部「簿記教育のいま」からなっており、第1部はさらに5つの章から、第2部は4つの章から、そして第3部も4つの章から構成されています。それらの概要は、以下のとおりです。

第1部「簿記のススメ」は、まさに国民の皆さんが簿記を学習し、習得することのおススメです。

第1章「教養としての簿記」では、本書の出発点として、簿記との出会いのお話や、複式簿記のエッセンス、簿記を学ぶにあたっての心構えなどを述べます。第2章「自分のお金のマネジメント」では、自分のお金を管理する方法を、人生のタイムテーブルに沿って、小中学生、高校生・大学生、勤労者・主婦、リタイア世代に分けて、単式簿記および複式簿記にのせてお話します。

第3章「他人のお金のマネジメント」では、他人のお金を管理する方法を、誕生日会、部活の大会遠征、学園祭の模擬店、PTA活動の4つの具体的な事例で、会計を担当する人がどのように記録計算すればよいかに関して、単式簿記および複式簿記にのせて説明します。

第4章「会社のお金のマネジメント」では、会社のお金を管理する方法を、会社の設立から、会社の期中取引、会社の決算および経営分析までをコーヒーショップを例として、複式簿記にのせて具体的にお話します。

そして、第5章「国民皆簿記への提言」では、以上のことを踏まえて、国民すべてに、簿記のすべての領域で未来のために役に立つ多くの知恵を直接結びつけようという、つまり、簿記の知恵を国民みんなが直接役立てられる関係と環境を構築しようと熱っぽく提案します。

第2部「簿記教育のむかし」は、明治、大正、昭和初期および戦後における教養としての簿記教育の歴史です。

第1章「簿記教育の淵源」では、明治期における簿記教育の基本的な姿勢は、国民が備えるべき「教養」の1つであったという観点から簿記をとらえ、学制が頒布された1872（明治5）年を始点として、明治時代の簿記教育の状況について述べます。第2章「大正期の簿記教育」では、専門性が高まり会計学の知識体系のなかの簿記の必要性が強まり始め、明治時代初期のような万人のためとはまた違った側面が強調され始めた時期として簿記をとらえ、大正時代の簿記教育についてお話しします。

第3章「昭和初期の簿記教育」では、主として1941年の学制改革以前の高等小学校および中学校において講じられていた簿記教育の内容を、教育法規と教科書の内容を対象として説明します。第4章「新制中学の簿記教育」では、第二次世界大戦後の1947年に施行

v　まえがき

された学校教育法に基づく中等学校、つまり新制中学における簿記教育について、各学習指導要領に準拠した教科書を対象としてお話します。

第3部「簿記教育のいま」は、簿記教育が現在どのように行われていて、教養としての簿記を習得するためにはどのような方法があるかについてのお話です。

第1章「商業高校の簿記教育」では、新制高等学校の簿記教育がどのような目的でどのように行われて今日に至ったかを説明し、その目的や指導法が時代にかなうものであったかどうかを検証する手がかりを探ります。第2章「米国における現在の簿記テキスト」では、米国における現在の簿記テキストを概観し、専門家以外の人々に対して、簿記の役立ちや仕組みがどのように伝えられており、それにより、どのような簿記教育につながっているのかを概観します。

第3章「日本における現在の簿記テキスト」では、わが国において、簿記検定試験などを意識していないいくつかの簿記テキストを題材に、複式簿記の習得のためのアプローチの多様性について検討します。そして、第4章「コンピュータと簿記教育」では、種々の疑問を感じながらコンピュータを使った簿記会計に関する授業を担当している教員が多いという問題提起から、文献調査やインターネットによる調査を手がかりに、コンピュータ簿記会計の教育と研究に関する種々の疑問に答えて、コンピュータ簿記教育の現状を明らかにします。

以上が本書の概要ですが、本書は読者として簿記の初心者を対象としていますので、簿記

の専門用語について本文の後ろで簡単に解説しています。これらの専門用語は、原則としてそれらが本文の最初に現われたときに太字で示していますので、そのつど後ろの解説をみて参考にしてください。

本書によって国民の皆さんが簿記に興味をもち、簿記の知識を習得して豊かな人生を送ることを熱望しています。望むらくは、もう一度中学校で学習する機会、あるいは商業高校以外の高等学校で簿記を教養として学習する機会を設けることを期待しています。

本書は、2010年度と11年度に組織された、日本簿記学会の簿記教育研究部会のテーマである「教養としての簿記に関する研究」の成果をさらに1年かけてバージョンアップしたものです。この3年間、執筆者のメンバーの方々と毎月お会いし、いろいろな議論を重ねて本書を作り上げました。メンバーの方々の今後のさらなる発展を祈念いたします。と同時に、この研究会をますます発展させたいと思っています。

最後に、出版事情の厳しいなかで、本書の出版を快くお引き受けいただいた創成社社長の塚田尚寛氏および同出版部の西田徹氏に感謝申し上げます。西田氏には、本書の作成にさいしていろいろと貴重なアドバイスをいただきました。重ねて深くお礼申し上げます。

2012年4月1日

上野清貴

《執筆者一覧》

石山　　宏	（東京国際大学）	第1部第1章
市川　紀子	（駿河台大学）	第2部第1章，第2部第2章
小野　正芳	（千葉経済大学）	第3部第2章，第3部第3章
加瀬きよ子	（都立荒川商業高校）	第1部第4章
島本　克彦	（関西学院大学）	簿記用語集
竹中　輝幸	（全国経理教育協会）	第1部第2章
中野　貴元	（ユビキタス）	第2部第3章，第2部第4章
長谷川清晴	（千葉商科大学）	第1部第5章，第3部第1章
原田　　隆	（筑波大学）	プロローグ
本所　靖博	（明治大学）	第1部第3章，第3部第4章

目次

まえがき

プロローグ　簿記を知ることによる成功体験 ………… 1

 Ⅰ　岡部洋一氏（放送大学 学長）　1

 Ⅱ　大竹美喜氏（アフラック（アメリカンファミリー生命保険株式会社）創業者・最高顧問）　6

 Ⅲ　青野慶久氏（サイボウズ株式会社 代表取締役社長）　11

第 1 部　簿記のススメ

第 1 章　教養としての簿記 ………… 15

 Ⅰ　簿記との出会い　15

 Ⅱ　複式簿記のエッセンス　20

 Ⅲ　簿記を学ぶ　26

ix

第2章 自分のお金のマネジメント ……… 35

- I 自分のお金とは何か 36
- II 自分のお金のマネジメントと簿記（単式簿記的知識） 37
- III 自分のお金のマネジメントと簿記（複式簿記的知識） 41
- IV 自分のお金のマネジメントの必要性 51

第3章 他人のお金のマネジメント ……… 52

- I 他人のお金とは何か 52
- II 他人のお金のマネジメントと簿記の役立ち 56
- III 簿記を教養として学ぶ意義 71

第4章 会社のお金のマネジメント ……… 73

- I 会社のお金とは何か 73
- II 会社のお金のマネジメントと簿記の役立ち 78
- III 会社のお金のマネジメントと決算書の作成 82
- IV 会社のお金マネジメントと複式簿記 88

第5章 国民皆簿記への提言 89

- I 簿記の広がり 90
- II 簿記の知恵のありか 95
- III 国民に役立つ簿記の知恵 101
- IV 役立ちを国民の手元に届けるために 107

第2部 簿記教育のむかし

第1章 簿記教育の淵源 109

- I 明治期における簿記教育 111
- II 簿記教育の必要性 121

第2章 大正期の簿記教育 124

- I 大正期における簿記教育 124
- II 明治期から大正期の簿記教育の変化 131

xi 目 次

第3章 昭和初期の簿記教育 133

Ⅰ 昭和初期における高等小学校の簿記教育

Ⅱ 昭和初期における中学校の簿記教育 141

Ⅲ そして戦後へ 146

第4章 新制中学の簿記教育 148

Ⅰ 1947年 学習指導要領 148
Ⅱ 1951年 学習指導要領 152
Ⅲ 1957年 学習指導要領 155
Ⅳ 1958年 学習指導要領 158
Ⅴ 1969年 学習指導要領 161
Ⅵ 中学簿記教育の意義と特徴 164

第3部 簿記教育のいま

第1章 商業高校の簿記教育 167

Ⅰ 高等学校における簿記教育のはじまり 168

第2章 米国における現在の簿記テキスト …… 185

II 当初の簿記教育が目指したこと 170
III その後の簿記教育 177

I Accounting 書籍と Bookkeeping 書籍 185
II 対象書籍の抽出 188
III 「Accounting 書籍」の共通点 190
IV 「Bookkeeping 書籍」の共通点 195
V 米国の簿記テキストの特徴 197

第3章 日本における現在の簿記テキスト …… 200

I 対象書籍の抽出─簿記検定試験テキストの除外─ 200
II 「会計書籍」の共通点 205
III 「簿記書籍」の共通点 210
IV 日本の簿記テキストの特徴 212

第4章 コンピュータと簿記教育 …… 215

I コンピュータ簿記とは何か 216

Ⅱ　コンピュータの発展が従来の簿記教育に及ぼした影響　221

Ⅲ　コンピュータ簿記教育の今後の課題　229

簿記用語集・索引　i

プロローグ　簿記を知ることによる成功体験

I　岡部洋一氏（放送大学　学長）

【プロフィール】

東京大学大学院修了（工学博士）。東京大学電子工学科教授、先端科学技術研究センター長、情報基盤センター長等を歴任。技術移転体制の整備等にも尽力。放送大学副学長を経て2011年より現職。

1　簿記を学習したきっかけ

大学は理系の学部に進学し、研究者として生きていくことを志していました。そのため自分の専門領域（物理）に関係ない科目を受講することはなく、簿記に触れることはなかったです。もしかすると工学部の科目である工業経営で1回ぐらい工業簿記を学ぶ機会があったのかもしれませんが、自分は履修しませんでした。

はじめて簿記に触れたのは、学会の事務局に参加したときです。理系の学会は規模が社会科学などと比較して大きく、企業なども多数参加していることから社団法人化することがあ

ります。そのため、私の所属している学会では財産目録や収支計算書が会議資料として配布されることがよくあります。簿記を学んだことがなかった頃は、その内容を理解することができず、予算や決算に関係する議論に参加することができなかったことを覚えています。わからないことについては気分が悪かったですが、自分から勉強しようとする気持ちにはなりませんでした。

本格的に簿記を学習したきっかけは、大学経営に携わるようになってからです。わが国の経済状況、とりわけ財政状態が厳しくなり、公的な機関には効率的な運営が求められております。また外部資金による研究費の獲得も大学の重要な課題となっており、これらの解決策として、研究成果を特許等化し、それをライセンス化することで、国内企業の産業競争力を高め、同時にライセンス料収入を大学に還元し研究費を増加させることが奨励されるようになってきました。

当時、国立大学は独立行政法人化されておらず、契約主体になれないという問題があったため、国は大学等技術移転促進法（平成10年）を制定、技術移転機関（TLO）を大学の外部に設置することになりました。東大先端研はその第一号である東京大学TLO（現在の名称）を設立しましたが、当時、大学はまだ法人化されておらず、株式を保有することができなかったため、教員の有志が株主として参加することになりました。私も学内で産学連携を促進させる立場にあったこともあり、関係する会社の業績には関心をもっておりましたし、

2

自分でも投資して会社を設立することになったこともあり、財務諸表を理解する必要から簿記を学ぼうと決心しました。これが私の簿記学習の出発点です。

2 簿記を学んでよかった点

自分の出資したお金が、会社の中でどのように使われているかわかるようになりました。減価償却費を例にあげると、簿記を学ぶ前は、意味がわからず、学会の資料等に添付されたとき、会計に詳しい人に聞いたところ「実際にはお金が払われていないので、そのまま留保される」、「税法で計上することが決まっている項目」という回答で、当時はわかったふりをしていましたが、簿記を学んだことで、機械等を財産としてみたときの減耗であると理解できました。専門家の人もそのように説明したのでしょうが、簿記の知識のない者にとっては「減価償却費の分だけ現金が支払われている」、または「内部留保だからその金額だけ現金をもっている」と誤解してしまうおそれがあると思います。資産と費用の関係は、複式簿記を知らないと理解することは難しいのではないでしょうか。

また株が投資であるということ、またそれが会社経営においてどのような位置づけか、資金の流れを通してわかるようになりました。財テク等の本で株式という用語は知っていましたが、社債と株式との違いは利回りが違うという認識しかなかったです（配当も利息も同じだと思っていました）。購入した株式（借方項目）が、会社のなかで資本として処理され

（貸方項目）、それを運用し、利益をあげて、資本に振り替えるという簿記一巡を知ることは会社の活動を知るうえで大変役立っています。

はじめは自分の出したお金の使途を知ろうと取り組んだ簿記学習でしたが、勉強をするうちに、経済系の新聞記事もよくわかるようになり（今まで読み流していた記事にも目がとまるようになっていきました）、自分の専門外のことについても興味をもつようになりました。広く社会全般を知ろうとする好奇心を育ててくれたこと、これが簿記を学んで一番良かったことだと思います。

余談ですが、簿記を学習しはじめたころ、その過程をWebサイトにアップしていました。その閲覧記録をみていると非常に多くの方にみていただいていたことがわかり、それをまとめたものが出版されるまでになりました（『素人が書いた複式簿記』オーム社、2004年）。

3 簿記を学ぶ意義

1つは先にもいいましたが広く社会を知ることができるようになることです。学生は文系理系を問わず会社に就職する人がほとんどだと思います。勤めてみればわかることですが、会社の目的は利益をあげること、すなわちお金を稼ぐことです。自分の仕事が会社の事業のなかでどのような役割を担っているのかを実感するには、簿記一巡を通したお金の流れを通

4

して会社の活動を理解しておく必要があるのではないでしょうか。

大学等の教員や公務員であっても、会社と無関係であることはできません。ある時は取引先として、ある時は共同研究先として企業と接することになります。会社のことを理解し、何らかの意思決定をするためには、財務諸表を読む（理解する）必要があり、そのためにはやはり簿記の知識は不可欠だと思います。高齢者や家庭を預かる立場になったとしても資産運用の手段として、株式等を購入することもあるでしょう。

もう1つは会計の専門用語に惑わされないために簿記を学ぶという視点です。難しい専門用語をみたとき、簡単な用語説明を読んでなんとなくわかったと思うことがあります。しかし、それは理解したことにはなりません。会計に関していうと、財務諸表の各科目とその背後にある会計処理および利益計算に与える影響については簿記の基本原理を知ることではじめて理解することができるのです。簿記に関する知見を通じて「利益があるから業績がいい」、「売上が増加しているからこの会社は成長している」と単純に判断することなく、その利益の質、すなわち真の業績がわかるようになってきます。

近年、自治体や公的機関において財務諸表の作成が盛んですが、「企業と同じ立派な財務諸表ができた」という形式に目を奪われてはいけません。独立行政法人の評価委員をした経験がありますが、公的機関の資本（正味財産）の部は、その性格があいまいであり、企業と同じ視点で業績を判断することはできません。それは投下資本の回収と利益の分配、再投資

5　プロローグ　簿記を知ることによる成功体験

という企業活動に根ざした複式簿記を、それとは異なる経営システムである公的機関に形だけ導入していることに起因しており、「形だけ」の財務諸表を作成しても意味がないと感じています。このような問題意識をもつことができたのも簿記を学んでいたからです。

最後に複式簿記の基本原理は、非常に優れたものであり、それを学ぶことは好奇心を満たしてくれます。人類の英知の成果としての複式簿記は、直接、何かの役に立たなかったとしても、人生を豊かにする効用があるのでしょう。これが複式簿記を学ぶ一番の意義かもしれません。

（インタビュー日時：2011年4月13日　放送大学にて）

Ⅱ　大竹喜美氏（アフラック（アメリカンファミリー生命保険株式会社）創業者・最高顧問）

【プロフィール】

1939年広島県生まれ。広島農業短期大学（現・広島県立大学）卒業後、米国留学。1974年にアフラック日本社を創業し、日本初のがん保険を販売するなどわが国の保険業界に大きな衝撃を与えた。副社長、社長、会長を歴任し、2003年に最高顧問に就任。現在はアフラック経営陣へのアドバイスを行う本業のかたわら、公益財団法人国際科学技術振興財団会長、国立大学法人筑波大学産学連携会長、国立大学法人広島大学特別顧問、公益財団法人日本脳神経財団理事、経済産業省キャリア教育民間コーディネーター育成・評価システム関連事業評価委員会委員長など、多くの役職に就き、地域振興、科学

6

技術振興など、多岐にわたり活躍している。また高校生、社会人を対象とした次世代の人材育成にも注力している。2001年、藍綬褒章受章。

1 簿記・経理との接点

私たちの世代は小学、中学時代に授業により簿記を学びました。今と違い、子供も労働力として家業を手伝っていた時代、社会の仕組み、家計の担い手としての責任等を「実感」することが求められており、子供に「生きる力」としての簿記（記帳技術といった方が正確かもしれない）を学校や身近な大人たちが教えてくれた（学ぶ機会を与えていた）ように思います。当時、教育は学校だけではなく家庭や地域のなかでも行われており、そのなかで簿記を学ぶ機会があったように思います。

2 簿記の役立ち

記帳を通じた日々の活動記録、月次、年次決算を通じた検証とそれに基づく業務改善は経営の基本です。ビジネスに関わる社会人は必ず簿記に関する基本的な知識を知っておく必要があります。しかし、そのことは細かい会計規則をすべて覚えておくということではありません。適切な意思決定の拠り所となるセンスの習得が大切であることを理解しておく必要があります。

7 プロローグ 簿記を知ることによる成功体験

簿記を学ぶことは、経営者やビジネスパーソンだけではなく、公務員やNPO職員など非営利組織に携わる者にとっても重要です。わが国の深刻な財政危機は、将来のリスクやそれに対する備え（貯蓄）の重要性に対する認識が国全体に欠けていた結果でもあります。簿記的思考があり、それを制度や政策決定に反映できていたなら、今とは違った状況になっていたと思います。

家計についても簿記の思考は今後ますます大切になります。高齢化社会では定年後の綿密な生活設計への貢献が家計に求められてきます（年金等、国の社会保障制度に依存することはできない）。倹約だけではなく資産運用も必要となってくるでしょう。各支出がもたらす効果や支出（投資）しない場合の将来への影響等、将来事象についても考えた複式簿記的思考を取り入れた家計が不可欠です。自分の身（家計）については自分で守る時代が来ているのです。

3 簿記を学ぶ意義

簿記と聞くと「カネ勘定」をイメージし、どこか否定的なイメージをもつ人もいるかもしれません。しかし、簿記を学ぶことは修養そのものです。そもそも、お金を稼ぐことを悪いことと考える風潮は、日本にしかみられないのではないでしょうか。簿記を学ぶ意義を端的にいうと、「自立」と「自律」の精神を学ぶことにあります。企業経営をしていると、周り

の人たちに助けられて今の自分があることを実感します。取引先や従業員、地域社会などとの適切な関係のなか、誠実にビジネスに取り組んだ結果、多くの方が支えてくださった。信頼を積み重ねた結果、今がある。このような認識をもち続け、周囲の人たちへの感謝を忘れてはいけません。

このことは他者に甘えることをいっているのではありません。安易に人や国に依存せず、社会のなかでの自分の役割を認識し、ルールに従い、期待に応えるよう、または自己実現のため、1つひとつ自分にできることをこなしていくという当たり前のことが大切だということ、そして、そのことこそ自分自身で生きることであることを若い人にはわかっていただきたいと思います。

そしてこのことは、経営目標、事業目標を立て、資金を調達し、多くの関係者の力を借りながら事業を遂行し、利益を得て、従業員には給与、取引先には対価、お客様には製品やサービスの提供、地域社会や国に対しては社会貢献活動や納税という形で還元していく経済活動と通じるものがあります。経済活動の一巡を示してくれる簿記は、社会を教えてくれるのです。

4 教養としての簿記教育に必要なこと

今の教育は「受験科目」を教える傾向が強く、社会の一員として、すなわち社会に貢献す

る人間になるという視点が欠けていると思います。教える側も社会への役立ちという視点ではなく、試験勉強としての授業を行っているのではないでしょうか。「合格」や「資格取得」という目先のことのみを考えた学習、評判や名声を得ることを目的とした学習（有名大学に合格したい、就職試験に有利など）では、学問を実社会で役立てることはできません。実学要素がとても強い簿記であっても同じです。

点数を意識した教育では、人材養成はできないことを学ぶ側も教える側も知っておかなくてはなりません。渋沢栄一氏は『論語と算盤』を著し、利潤と道徳の両立を説きました。そこでは、道徳に裏付けされた適正な競争による商業活動、人格形成に資する学問の重要性が主張され、学問のための学問が行われている状況の危険性についても言及されています。自立と自律を教える（身につける）ためには、教養教育としての簿記でなければなりません。

今まで国内市場が「そこそこ」大きかったため、企業でも家計レベルでも個人がグローバル経済（競争）を意識する機会は少なかったかもしれません。しかしそのような時代はすでに終わりを迎えています。時代は逆境や不確実な環境下において、正しい判断ができる人材を求めています。簿記を学ぶことは生きる力、すなわち教養としてあらゆる人々が身につけておくべき必須の能力を若者に授けてくれる非常に貴重な機会を与えてくれるのです。

（インタビュー日時：2011年10月26日　アフラック本社）

III 青野慶久氏（サイボウズ株式会社 代表取締役社長）

【プロフィール】

1994年、大阪大学工学部卒業後、松下電工株式会社（現：パナソニック）に入社。1997年にサイボウズ株式会社を愛媛県松山市に設立、取締役副社長に就任。事業企画室担当、海外事業担当を経て現在、代表取締役社長。サイボウズ株式会社はわが国のグループウェアシェア第1位を維持し続けている。

1 簿記・経理との接点

私は簿記というものを体系的に学習する機会はなかったですが、社会人としての生活のなかで簿記の「センス」を身につけていったと思います。大学院修了後、松下電工（現：パナソニック）に入社しました。松下時代、創業者の松下幸之助氏の考え方、経営哲学から受けた影響は大きかったです。松下氏は財務、経理についても明るく、またその重要性を従業員に浸透させるため、さまざまな取り組みをされていました。いわゆる「ダム経営」という経営哲学もその1つです。

ダム経営とは、経営にはゆとりが必要であり、財務の面では「企業は潤沢な内部留保をもち、安定した経営をしなければならない。それが会社、従業員、ひいては社会に貢献する」

という考え方です。当時は（今でもそうかもしれませんが）、多くの企業が資本金を超える額の借り入れを当たり前のようにしていました。このような資金調達は、経済成長および業績が右肩上がりを前提とした考えが背景にあったかもしれませんが、何が起こるかわからないのが現実の経営です。会社が倒産し、資本金を超える額の巨額の借入金が存在した場合、経営者や従業員はもちろん、取引先や国、ひいては広く社会に迷惑をかけてしまう恐れがあります。

このダム経営の話を松下氏がすると、「当たり前だ」という人や「言うことは簡単、実際はそう簡単にはいかない」という人が多くいたそうです。ただ、京セラの稲盛氏は強く共感してくれたと聞きました。その意識の差が経営者としての資質の差なのでしょう。

ダム経営は、単に節約をしろというものではありません。企業として成長するには、設備投資や研究開発が継続的に行われますし、業種によっては在庫等も不可欠でしょう。自己資金を中心とした計画的な財務循環のなかで経営を行っていくことが大切なのです。サイボウズも数々の失敗をしてきました。M&Aによる損失も大きかったこともあります。しかし、創業以来黒字を続けているのは「ダム経営」に徹しているからだと実感しています。

2 実際の取り組み　コスト意識の共有

具体的には経費の「見える化」に取り組んでいます。鉛筆やコピー用紙などの消耗品の単

価を社員にわかる形で掲示し、出張のための交通費の累計などもイントラネットでチェックし、予算を超えると赤字で示すようにさまざまな工夫をしています。これは節約の意味もありますが、社員1人ひとりに費用対効果を意識して働いてほしいという思いもあるで経営指標としては利益と人件費を重視しています。利益「率」を重視する考え方もあるでしょうが、社会に貢献するためにはやはりある程度の規模が不可欠だと思っています。効率を重視しすぎると利益を極論かもしれませんが「1人でやるのが一番効率的」という考えになっていきます。人件費を重視するのは、雇用をしているということは社会に対する最大の貢献だと思うからです。人件費は増やす、他の経費は減らす経営が理想だと考えています。

3 会社経営における簿記の意義

簿記（日常の経理と財務諸表の作成、公表）の意義は、余裕をもった経営、うそのない経営への貢献に尽きるのではないでしょうか。会社がある程度大きくなると、従業員が社長なみ上司に対して少しでも業績をよくみせようといろいろな行動を起こしがちです。私は従業員に対しても、社会に対しても「うそのない姿」をさらけ出すことが、会社のためになると言っています。

会計処理の選択にさいしても、利益を大きくするにはという視点ではなく、真実の姿を示すにはどのような処理が適切かという視点で臨んでいます。経営は短期的にするものではあ

13　プロローグ　簿記を知ることによる成功体験

りません。長期的な視点で意思決定をしなければならず、そのためにはありのままの実力を経営者は知っておかなければなりません。

例をあげると、無形資産の償却について、国際的な動向で話題になることがありますが、経営者の立場からみると、技術の進歩等で競争力の源泉としての価値がなくなった資産については、その分、速やかに帳簿上の価値を下げる、すなわち、減損するべきであると思います。基準がこうだから、というようなことで財務的意思決定はしません。会計は専門的な知見が必要かもしれませんが、それに惑わされてはいけません。日常業務としての経理の透明性を高め、その集合体としての財務諸表の透明性を維持し、公開することが大切なのです。

稲盛さんの著書などで財務の重要性について、経営者は認識するようになってきました。しかし、会計的数値に縛られて内向きな行動にならないよう、マネジメントをすることも忘れてはいけません。その意味で、会計の構造と限界を企業で働く者は知っておく必要があります。

（インタビュー日時：2011年4月22日　サイボウズ本社）

14

第1部 簿記のススメ

第1章 教養としての簿記

今ここに、社会生活を営む上で必要な広い知識を「教養」と定義しましょう。教養は広ければ広いほど、豊かな人生を送れることは、言をまちません。他方、「簿記」という言葉は知っていても、その何たるかを知らずにいる人は多いことでしょう。そこで、本章ではイントロダクションとして、「教養としての簿記」についてお話します。

I 簿記との出会い

1 専業主婦A美さんの場合

高校卒業と同時に事業会社に就職したA美さんは、社内で知り合った男性と結婚し、その後出産を機に会社を辞め、専業主婦となりました。5年前には郊外にマンションを購入して

移り住み、下の子供もこの春に小学生となり、幸せな日々を送っていました。他方、夫が勤める会社は年々業績が悪化し、夫の収入もここ数年減少傾向にあったため、以前から温めていた学生時代の友人との起業の話も現実味を帯びてきた状況にありました。

しっかり者で几帳面な性格のA美さんは、結婚当初より家計簿をつけています。家計簿をつけることで、生活費の足跡が残り、お金の節約にも役に立ちました。家計簿の書式は、日付欄に続き、収入欄と支出欄があり、支出欄の先には食費、水道光熱費、交通費、こづかいなどの欄が独立して設けられ、そのほかに備考欄が用意されているタイプのもので、文具店などで市販されている標準的な家計簿でした。

ある日、新聞記事の家庭面を読んでいたA美さんは、「家庭のバランスシート作成のススメ」なる記事を目にしました。それは、一家の財産につき、不動産、銀行預金、生命保険などプラスのものと、住宅ローンなどのマイナスのものを洗い出し、一覧表にすることで、将来設計を明確にしようとする趣旨でした。A美さんはさっそく家庭のバランスシートを作ってみようとしましたが、そこでふとした疑問が浮かびました。クルマを即金で買ったときは、家計簿の支出欄に記入したけれども、マンションを住宅ローンを組んで買ったときは、家計簿につけていないことに気づいたのです。他方、住宅ローンの毎月の返済は、銀行預金から引き落とされるため、支出欄に記入しています。もしかしたらこれまでつけていた家計簿は、家庭のすべてのお金の動きを網羅していなかったのではないかと思ったのです。

この疑問を解こうと思い、A美さんはインターネットで「家計簿」「住宅ローン」「バランスシート」などのキーワードを入れて、検索してみました。そこで行き着いた結論が、「不完全簿記」という概念でした。つまり、A美さんがつけていた家計簿は簿記の一種ではあるものの、財産変動のすべてを網羅していないこと、また取引を原因と結果に分解していないこと、支出と費用の区別がなされていないことなどがわかりました。これらの点をカバーする簿記は完全簿記たる「複式簿記」であることもわかりました。A美さんは迷うことなく、複式簿記を学んでみようと思いました。また、この複式簿記を身につけておけば、夫がいずれ起業したときにも役立つのではないかとも考えたのです。

2　文学部1年生B子さんの場合

私立総合大学の文学部英文学科に入学したB子さんは、これからはじまる大学生活に胸をはずませていました。英語が得意なB子さんは、語学力にさらに磨きをかけ、将来は英語を活かした仕事に就こうと考えていました。ただ、勉強ばかりの味気ない大学生活は送りたくないと思い、何かのサークルに入って、友達も作りたいと考えていました。

キャンパス内には、さまざまなサークルによる新入生の勧誘活動が繰り広げられていました。そんなサークルの1つ、「会計研究会」なるサークルのチラシを手にしました。運動が苦手なB子さんは文化系のサークルを探していたのですが、このサークルのチラシをみると

き、入学式の日の朝、父親から語りかけられた言葉を思い出しました。「B子もいよいよ大学生だな。大学の4年間は、将来の自分に対する投資の期間だ。好きな英語の勉強だけでなく、将来自分のために役立つと思うことは、何でもチャレンジしてみなさい。」

B子さんは父の言葉を思い出し、このサークルの説明会に参加してみることにしました。就職氷河期の再来ともいわれ、新卒の就職状況が極端に悪化しているという情報をB子さんも耳にしており、好きな英語とはまったく異なる分野ながら、会計の知識もあった方が就職活動のためにはよいかもしれないという、漠然とした気持ちもありました。また、商業高校に進学していたB子さんの小中学校時代の友人が、この就職難のおり、簿記の資格を取って、地元の優良企業に就職を決めていたことも脳裏をかすめました。

小さな教室で行われたサークルの説明会に集まった新入生は、20人程度でしょうか。緊張した面持ちのサークル責任者から、このサークル出身者は公認会計士試験に合格したり、銀行に就職したりする人が多いことなどが紹介されていました。しかしB子さんにとって、それらよりも強く心に残った話がありました。会計の出発点は「簿記」であり、簿記はどんな会社でも必ず使っていること、簿記は世界普遍のビジネス言語であり、英語を母語とする人口は世界の10％ほどだが、簿記を使う国はほぼ100％という話に衝撃を受けたのです。B子さんは迷わずこのサークルに入り、簿記を学ぶことにしました。

3 技術者C氏の場合

サラリーマンのC氏は、大学院修士課程で応用化学を学び、大学院修了後は大手化学会社に就職しました。入社後数年は、技術開発部門で日々研究にいそしみ、20代後半から30代前半にかけ海外勤務も経験し、現地でのプラント建設なども手がけました。その後、国内に戻ったC氏は、同期入社の技術畑出身者のなかではいち早く、40代前半にして九州地区に立地する工場の工場長となりました。まさしく順風満帆のサラリーマン人生といえます。

そんなC氏に、これまでのサラリーマン人生になかった経験が訪れました。工場長となったC氏は、毎月第3金曜日に東京の本社に出向き、本部長会議に出席することになったのです。そこで配付される資料は、毎回A4サイズのペーパーが数十枚、その大半が内部管理用の経営数値からなるものでした。そこに記されている各部門の経営データをみても、C氏には、さっぱり理解できませんでした。そのうえ、本社管理部門の経営企画部長から発せられる言葉の意味も、半分くらいしか理解できません。そのような状態ですから、発言を求められたさいのC氏は言葉に詰まることもしばしばで、次第に毎月やってくる第3金曜日を迎えるのが憂鬱になってしまいました。

そこでC氏は、幼なじみであり、今は税理士として事務所を構え、経営コンサルタントもしている友人に相談してみることにしました。先月の本部長会議での資料を手許におき、内部データの漏洩にならないよう注意を払いながら、会議で困っている状況を率直に話し、意

味不明の用語などを尋ねてみたのです。ひととおりC氏の話を聞き終えた友人から発せられた言葉は、思いもよらないものでした。「急がば回れだ。まずは、簿記を勉強することだな。」

ボキ…。たしかに会議で配付される資料は、これまでC氏が目にしたこともない用語が並んでいましたが、それらの用語をビジネスの入門書で断片的に調べても、資料全体の意味はどうにもつかめませんでした。まさか、その処方箋が「簿記」にあるとは。そういえば、簿記の知識は管理職には必須だという話を、どこかで聞いたような記憶がありました。さっそくC氏は簿記スクールのパンフレットを集め、通信教育講座に申し込むことにしました。

Ⅱ 複式簿記のエッセンス

1 簿記の種類

簿記 (bookkeeping) には、「単式簿記」(single-entry bookkeeping) と「複式簿記」(double-entry bookkeeping) があります。これは、記帳技術の観点による分類です。「単式簿記」は特別のルールによらない簿記であり、こづかい帳や一般的な家計簿などがそれに当たります。これに対し、「複式簿記」は**貸借平均の原理**など、一定のルールによる簿記であり、取引を原因と結果の二面からとらえて記録（複記）します。企業がつける帳簿は、複式簿記によって作成されます。複式簿記の記録はT字の**勘定**を用い、左側を「**借方**」、右側を

20

図表1-1 簿記の分類

```
技術分類                利 用 分 類

                      ┌商業簿記┐   ┌個人企業簿記┐
                      ├工業簿記┤   │            │
単式簿記       ┌営利簿記┼農業簿記┤   ├組合企業簿記┤
(不完全簿記)    │       ├銀行簿記┤   │            │
               │       ├保険簿記┤   └会社簿記    ┘
      簿記─────┤       └その他 ┘
               │
複式簿記        │         ┌家計簿記┐
(完全簿記)     └非営利簿記┼官庁簿記┤
                          ├学校簿記┤
                          └その他 ┘
```

「**貸方**（かしかた）」とよびます。

また、簿記には、「商業簿記」や「工業簿記」という分類もあります。これは、簿記の利用者における業種分類です。たとえばモノ作りを行う製造業では、作ったモノの原価を集計しなければなりませんから工業簿記を使いますが、仕入れたモノをそのまま売る商企業においては商業簿記を使います。

2 複式簿記の手順

簿記の基本は、日々の取引を客観的に帳簿に記入することにあります。以下、複式簿記のエッセンスを説明します。設例と併せて読み進めてください。

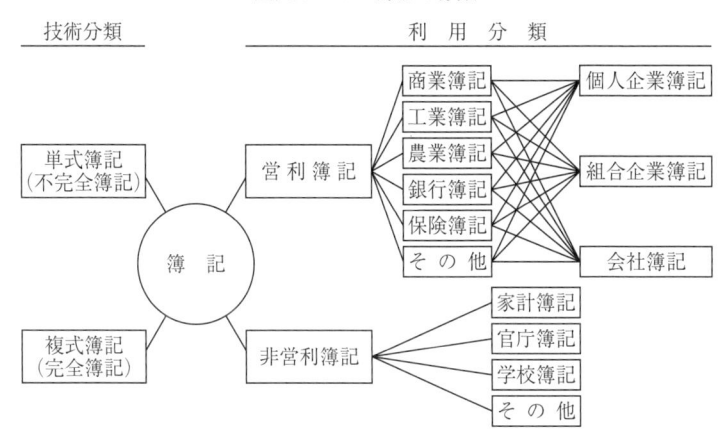

複式簿記では、取引が生じたらこれをひたすら2つの要素に分解して、それぞれの要素ごとに設けられた勘定とよばれるT字の記入場所（勘定口

④　（借方）売　掛　金　　80　　　（貸方）売　　　上　　80
　　（借方）売上原価　　　50　　　（貸方）商　　　品　　50

〈勘定の記入〉

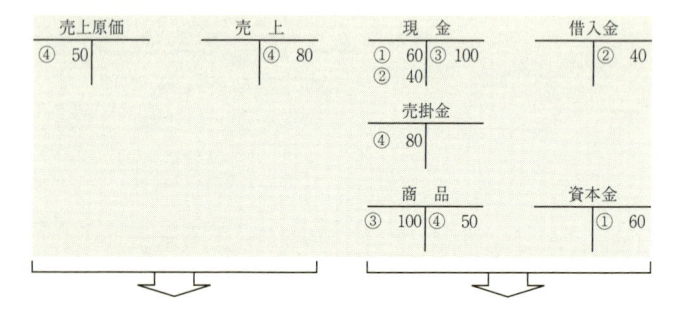

売上原価		売　上		現　金		借入金
④ 50			④ 80	① 60　③ 100 ② 40		② 40

| | | | | 売掛金 | | |
| | | | | ④ 80 | | |

| | | | | 商　品 | | 資本金 |
| | | | | ③ 100　④ 50 | | ① 60 |

〈決算書の作成〉

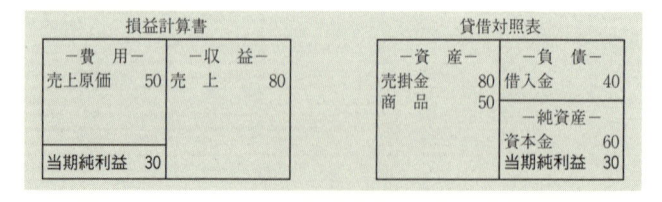

損益計算書

－費用－	－収益－
売上原価　50	売　上　80
当期純利益　30	

貸借対照表

－資　産－	－負　債－
売掛金　80	借入金　40
商品　　50	
	－純資産－
	資本金　　　60
	当期純利益　30

複式簿記のエッセンス

設 例

[取　引]
① 現金60を出資し，商売をはじめた。
② 銀行より40を借り入れ，現金で受け取った。
③ 商品を100仕入れ，代金は現金で支払った。
④ 上記商品のうち半分（原価50）を80で販売し，代金は後日受け取り（掛け）とした。

〈取引の複式分解〉
① 「現金」という資産が60増加
　　　　　　　　　⇔「資本金」という純資産が60増加
② 「現金」という資産が40増加
　　　　　　　　　⇔「借入金」という負債が40増加
③ 「商品」という資産が100増加
　　　　　　　　　⇔「現金」という資産が100減少
④ 「売掛金」という資産が80増加
　　　　　　　　　⇔「売上」という収益が80発生
　「売上原価」という費用が50発生
　　　　　　　　　⇔「商品」という資産が50減少

〈仕訳の記入〉
①	（借方）現　　金	60	（貸方）資 本 金	60
②	（借方）現　　金	40	（貸方）借 入 金	40
③	（借方）商　　品	100	（貸方）現　　金	100

座）の左右に分けて記入します。分解する要素としては、**資産、負債、純資産（資本）、収益、費用**の5つがあります。そのさい、資産と費用は増加を左（借方）に記入し、減少を右（貸方）に記入します。反対に、負債・純資産と収益は増加を右（貸方）に記入し、減少を左（借方）に記入し、銀行から借り入れを行えば、負債の要素の1つである借入金勘定の右（貸方）に記入します。これらの勘定が記入される帳簿を、「**総勘定元帳**」といいます。

日々の取引結果は帳簿に記入されますが、企業は年に一度（あるいは四半期に一度）決算を行います。決算では、総勘定元帳の各勘定の左右（貸借）の差額を集計し、それらについて収益と費用を「**損益計算書**」に、資産と負債・純資産を「**貸借対照表**」にまとめます。これらが**決算書（財務諸表）**ともいいます）であり、複式簿記のゴール地点となります。

したがって、勘定記入こそが簿記の目的達成の基本パーツといえるのです。

ただし、取引の発生を受け、いきなり勘定に記入していくと、どうしても取引の分解誤りや記入漏れが生じやすいため、勘定記入に先立って**仕訳**とよばれる勘定記入の前処理を行います。仕訳では分解した取引を1つの場所に左右（貸借）一対のものとして記入します。仕訳を行う帳簿を「**仕訳帳**」といいます。このように、複式簿記の手続きの基本は、［取引］→［仕訳帳］→［総勘定元帳］→［決算書］という流れで進みます。なお、設例からわかるとおり、決算書たる損益計算書と貸借対照表ではともに同額の当期純利益が算定されます。利益

図表1-2 取引の概念

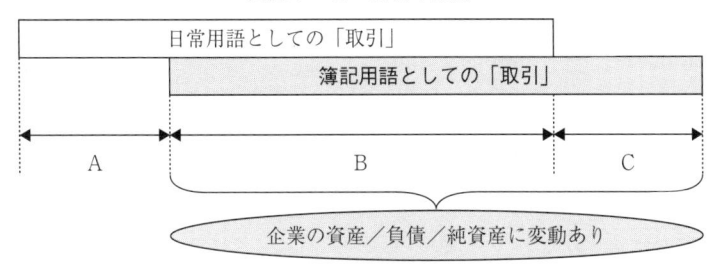

日常用語としての「取引」		
	簿記用語としての「取引」	
A	B	C

B・C：企業の資産／負債／純資産に変動あり

Aに該当する取引の例：得意先からの商品受注，不動産賃借の契約など
Bに該当する取引の例：得意先への商品発送，不動産賃借料の支払い，固定資産の購入など
Cに該当する取引の例：商品の盗難，建物の火災被害など

3 「取引」の概念

複式簿記は、取引の発生とともにスタートします。

それでは、何をもって「取引」というのでしょう。

じつは、日常用語の「取引」と、簿記用語の「取引」は、微妙に異なるので注意が必要です。

たとえば、得意先への商品発送や不動産賃借料の支払い、パソコンなど**固定資産**の購入などは、日常用語としても簿記用語としても取引に該当します。これに対し、得意先からの商品受注や不動産賃借の契約などは、日常用語としては取引とよばれますが、簿記用語としては取引に該当しません。さらに、固定資産の使用や建物の火災被害などは、日常用語としては取引と考えられませんが、簿記用語としては取引に該当します。

そこで、簿記用語における取引に該当するものの

計算を2通りの計算によって行うことも、複式簿記の重要な意味といえます。

25　第1章　教養としての簿記

共通点を考えてみましょう。つまり、得意先への商品発送、固定資産の購入、商品の盗難、建物の火災被害などにあって、得意先からの商品受注、不動産賃借の契約などにないものは何かということです。それは企業の決算書の構成要素、さらにいえば資産、負債、純資産のいずれかに変動があるか否かです。変動があれば「取引」に該当し、変動がなければ該当しないことになります。

このように、簿記の取引ひいては記帳対象を峻別するには、資産、負債、純資産にどのようなものが含まれるかを知る必要があります。そこでまずは、次のように簡単に理解してもらえばよいでしょう。資産は、現金や商品のようにモノとして価値があるものと、**売掛金**のように目に見えるモノではなくても債権として価値があるものです。負債は、借入金のように、債務として返済しなければならない企業資金の源泉です。純資産は、資本金のように、返済する必要がない企業資金の源泉です。

III 簿記を学ぶ

1 会社の資本金のありか

「先生、会社の資本金はどこにあるのですか。」これは、ある国立大学で簿記の講義を担当するN先生が、第1回の講義後に学生から受けた質問です。初回の講義ですから、まだ学生はその講義を正式に履修するかどうか、決めあぐねている時点です。そのため、N先生と

しても難しい用語を使わないよう、気をつけていたつもりでした。しかし、うっかり「資本金」という専門用語に触れてしまったのです。

この学生の質問は、「簿記」あるいはその延長線上にある「会計」に関する、一般の人と専門家のギャップを語る象徴的なケースだと思われます。N先生は当初、質問の意味が飲み込めませんでした。しかし、よくよく考えてみると、どうやらこの学生は次のようなことを聞きたかったらしいことが判りました。「資本金」という言葉はよく耳にする。資本というくらいであるから、おそらくは会社の元手のことであろう。元手は当然「お金」であろう。では、その「お金」は会社のどこにあるのか、という疑問らしいと。

ポイントとなるのは、学生にとって「資本金」イコール「お金」という観念が働いている点だと思われます。しかし、会社はお金を使わなければ商売にならないため、会社の金庫のなかにおいてあるはずはないと考えたのでしょう。他方でどの会社も資本金××億円と会社案内などに載せている、つまり資本金は常にお金のかたちで会社にあるものだと。そこで、冒頭の質問となったわけです。

簿記や会計をよく知る者からすると、このエピソードは笑い話のように聞こえます。ところが、この質問を簿記を知らない人にわかりやすく答えることは、それほどやさしくはないのです。カギは、学生がもつ観念の誤り、すなわち「資本金」イコール「お金」ではない点にあります。しかし、「お金」ではないのに、なぜ「資本金」なのでしょう。

27　第1章　教養としての簿記

ここで、「いや、そもそも資本金は貸方の概念であり、これは資金の調達源泉を示すもの。これに対し、調達した資本自体は現金であり、これは借方の概念だから…」などとはじめてしまえば、その段階で初心者に対する受け答えとしてはアウトです。もしかしたら、この学生は簿記の履修をやめてしまうかもしれません。ヒントは、先ほど紹介した、複式簿記のエッセンスのなかにあります。「資本金」イコール「お金」ではない理由を、考えてみてください。

2 簿記学習における阻害要因としての専門用語

たいていの簿記の教科書では、最初の章で簿記の目的に触れています。そこではほぼ10冊中10冊に、企業の「経営成績」と「財政状態」を表すことが簿記の目的であると書かれています。これらの用語は、もともとは「企業会計原則」という、会計の世界におけるバイブルともいうべき文書に記されている用語なのですが、簿記の初学者にとって最初の講義で目にし、先生もお経のように唱えるこの「経営成績」と「財政状態」という用語が最初のくせ者なのです。

多くの教科書では、これらの用語について特段の説明がなされていないことが、問題なのです。それくらい解るだろうという、いわゆる「上から目線」なのです。それでも、一部の教科書においては、それらを噛み砕いた説明が試みられています。たとえば、「経営成績」

28

は、収益力、儲け具合、一期間の活動結果、等々、「財政状態」は、財産有り高、資金の調達と運用の状況、一時点の活動結果、等々、それぞれに工夫（苦労）の跡がうかがえますが、なかなか決定的な表現があたらないようにも思えます。

一般の人にとって、企業経営の活動結果はすべて「経営成績」でしょう。年商××十億円という数値も、売上債権××億円という数値も、一般の人にとっては経営成績だと思えます。

ところが、会計の世界では、「経営成績」といえば収益（成果）と費用（努力）に基づくフロー計算の結果だけを指すのです。同様に、「財政状態」という用語から一般の人が想起するのは、国や地方公共団体の資金状況ではないでしょうか。実際、企業内で「財政」などという用語は普通は使いません。しかし、会計の世界では、「財政状態」といえば、資産（積極財産）と負債（消極財産）・純資産（純財産）に基づくストック計算の結果を指すのです。

それでは、これらの用語を正確に理解してもらう方法はないのでしょうか。じつはそれをもっともわかりやすく表現する方法は、簿記を用いた説明なのです。先ほど複式簿記の原理を説明した設例を参照してください。ここで、薄いアミが掛かっているのが企業内の帳簿（会計帳簿）であり、濃いアミが掛かっているのが企業外部者に示す決算書（損益計算書と貸借対照表）です。ここで損益計算書により示されるのが「経営成績」であり、貸借対照表により示されるのが「財政状態」ということになります。

ここでは「経営成績」と「財政状態」という、おきまりの用語を引き合いに出しましたが、

29　第1章　教養としての簿記

簿記の学習にさいしては独特の専門用語を使うケースが多いのです。ところがその専門用語につまずいてしまい、簿記の勉強が続かなくなったり、簿記が嫌いになってしまう学生などを多くみかけます。これはいかにも残念だと思うのです。そこで本書では、簿記をはじめて学ぶ人たちにとって、わかりづらいであろう専門用語をピックアップし、末尾に解説が付されています。専門的な意味の用語解説ではありませんが、まずははじめて学ぶ簿記においては十分な程度の解説になっていますので、ぜひ参考にしてください。

3 数学を必要としない簿記学習

現在の日本では、簿記を学ぶ場所といえば、商業系の高校、大学の商学・経営学・経済学系学部、商業系の専門学校などが中心でしょう。本書では、これらの教育機関に在籍する生徒・学生のみならず、中学生、普通科の高校生、商学・経営学・経済学系学部以外の大学生、主婦、商店主、会社員など、さまざまな人々に簿記を知ってもらうことを願い、簿記の魅力について次章以降で多角的に紹介します。ただその前に、これから簿記を学ぼうとする方々に、簿記にまつわる典型的な誤解を解いておきたいと思います。

簿記は数字を使いますが数学は使いません。これはしばしば勘違いされていることです。普通高校から大学の文系学部に進学する学生は、数学を苦手とする者が少なからずいます。

しかし、きちんとした勉強をすれば、文系学部の大学生はおろか、誰でも簿記は身につくのです。むろん、簿記は企業のさまざまな取引を数字（金額）により表現する技術です。けれども、そこでの計算に必要とされるのは、四則演算、すなわち加算（＋）・減算（－）・乗算（×）・除算（÷）だけです。微分も積分も使いませんから、計算能力については小学校卒業程度の能力が備わっていれば十分なのです。

これは、よく考えてみれば当たり前の話といえます。もしも、簿記の習得に数学が必須であるとしたら、世界中の会社の経理部や財務部に勤める人、あるいは個人企業で帳簿をつける人は、みな数学に強い人間ということになります。しかし、実際、それらの多くの人々は、高度な数学を学んだ人ではありません。ただし、電卓を使った四則演算ができないと仕事になりませんが、それは社会全体の常識の範囲と考えてよいでしょう。

ところで、電卓について、少し触れておきましょう。現在の簿記学習者は電卓を使いこなし、上級者ともなれば左手でタッチ・タイピングしているのが普通の光景です。ところが、今から40年ほど前でしょうか、当時は簿記といえばソロバンとセットで語られることが圧倒的に多かったのです。商業系の高校などでも、まずはソロバンを習ったうえで、簿記学習に進むというのが一般的でした。当時の実務では、ソロバンを計算器具として利用しつつ、帳簿をつけていたためです。

しかし、今や実務も教育現場も、ソロバンを使っている光景はほとんどみられず、電卓に

とって代わられました。それでも簿記といえばソロバンというイメージが今でも根強いのも事実でしょう。たとえば、現在の全国経理教育協会主催の簿記能力検定試験の受験案内にも、「計算用具（計算機能のみの電卓またはそろばん）を持参してください」と記されています。

ともあれ、簿記の学習では、教科書、ノート、筆記用具のほかに、電卓が必須となります。

4 簿記の会得に向けて

本書は、教養としての簿記を紹介することを目的としていますが、それを実際に身につけるさいに留意すべき点についてお話します。

大学などにおける授業科目は、「理論型」と「実習型」に分類されることがあります。また、「一般教養科目」と「専門科目」という分類もあります。これらに当てはめたとき、簿記はどのように分類できるでしょうか。

大学により簿記の講義科目の名称に違いはありますが、そのものずばり「簿記」という名称のほかに、「簿記論」とか「簿記原理」という名称が付けられている教育現場が多いようです。これらの科目名称からは、簿記は「理論型」の科目であることがうかがえます。同時に、その後に連なる一連の会計学関連科目の第一歩として簿記は位置づけられ、「専門科目」として組み込まれているところが多いようです。つまり、日本における簿記の教育現場を前提にすると、簿記は理論型の専門科目ということになります。果たして、そのような位置づ

けが簿記の本当の姿を示しているのでしょうか。

じつは、それとは正反対のような気がするのです。つまり、簿記は実習型の一般教養科目ではないかと。さらにいえば、その習得において簿記とよく似ている科目は、体育実技（スポーツ実習）ではないかと。それは次のような理由によります。

たとえば、みなさんがこれから何かのスポーツをはじめようと決心しました。ここでは、さしあたりスノーボードということにしてみましょう。実際に雪上に出る前に、スノーボードのハウツー本を読んだり、テレビやDVDなどを見ることもあるでしょう。そこでは、スノーボード上達のための足腰の動かし方、体重移動の仕方、視線のもっていき方など、さまざまな解説がなされているはずです。しかし、みなさんも知っているとおり、これらを読んだり見たりするだけで、スノーボードが上達するはずがありません。実際に雪上に出て、体で覚えるのが王道でしょう。

簿記の会得もこれと同じです。教科書だけを何遍読んでも、それだけで簿記ができるようにはなりません。実際にペンと電卓を手にし、問題を解いてこそ簿記は上達します。簿記の原語は"bookkeeping"です。おおよそ「ing」がつく学問領域は作業を伴いますが、簿記もその例外ではないのです。

ただ、先ほども述べましたように、簿記にはいろいろな種類のものがあります。これらの簿記はそれぞれの役立ちによって使い分けられることになります。それらの簿記の役立ちを

33　第1章　教養としての簿記

一言でいうと「お金のマネジメント」のための役立ちといえると思います。簿記は突き詰めて考えるといろんなお金をマネジメントするために利用されるのです。

「お金」には大きく分けると自分のお金、他人のお金、そして会社のお金があります。そこで次章から、「自分のお金のマネジメント」「他人のお金のマネジメント」「会社のお金のマネジメント」として、それぞれのお金をマネジメントするためにどのような簿記を会得すればいいのかを、順番に考えていくことにします。

第 2 章 自分のお金のマネジメント

今多くの人が、お金に関する知識・技術に関連した教育に関心をもっており、お金の知識を習得し、お金を管理（マネジメント）することの必要性を感じています。私たちは、家庭生活や社会生活を営む上でお金についてのマネジメント（管理）をどのように行っていくのかを考えていかなければならない時期に来ています。

お金のマネジメントには、自分のお金のマネジメント（後述）・会社のお金のマネジメント（後述）・国のお金のマネジメント（管理）をどのように行っていくのかを考えていくことにします。

自分に入ってくるお金は、年代によっておこづかいやアルバイト代であったり、給料や年金などがありますが、ある程度限られた金額です。その限られたお金のなかで、満足が得られるような使い方（消費行動）をするための意思決定を行い、さまざまな物を購入しています。その意思決定こそがお金のマネジメントです。

そのお金の管理には、国民として備えておかなければならない知識としての簿記の知識・

35

技術が必要であると考えます。

多くの人は、簿記の知識は、お店や会社を経営していくために必要な知識と考えています。

しかし、簿記の知識は、企業経営のためだけではなく、家庭生活を営む上でも必要な知識であることを、自分のお金のマネジメントをすることで学んでいきましょう。

本章では、自分のお金に関して、人生のタイムテーブルに沿って、小中学生・高校生・大学生・社会人等に分けてお金との関わりを考えていくことにしましょう。

I　自分のお金とは何か

自分のお金とは、私たちが生活するために必要とするお金を意味しており、家庭生活や社会生活を営む上での経済活動に必要なお金のことです。

何らかのサービスの提供や労働の対価として得たお金であり、そして、そのお金をどうやって使っていくのかを管理していく必要があります。それが自分のお金のマネジメントです。

私たちは、生きていく上でさまざまなお金と関わっていきます。年代別に考えていくと、小学生・中学生であれば親からもらうおこづかい、高校生・大学生であればおこづかいに加え、アルバイトで得たお金、社会人であれば、勤労により得られた給料、リタイアした世代であれば年金収入など自分の手元に入ってきて自分の意思で使えるお金を意味します。それ

36

では、その年代ごとに分けて自分のお金のマネジメントを考えていきたいと思います。

Ⅱ 自分のお金のマネジメントと簿記（単式簿記的知識）

1 小中学生のお金のマネジメント

おこづかいは子供たちにとって最初のお金のマネジメントです。何に使うか子供が自由に決めることができるお金であり、おこづかい制によりお金は限られたものであることを知り、「貯める」「我慢する」ことを学ぶのと同時に、「使い方」や記録の方法を学びます。

記録するとは、自分のお金を、入ってきたお金（収入）と出ていったお金（支出）とに区別し、おこづかい帳に記録しておきます。そこから、何に使ったかを知り、使いすぎないようにすることなどのための判断の材料とします。

この時期の子供たちに学ばせることは、目標を立ててその実現に向かって努力することやよく考えて必要のあるものを買うこと（支出）などに重点をおき、継続的に記録していくことにより健全な金銭管理の習慣を身につけることが重要です。

具体的には、レシートを取っておくことや、使ったものをメモしておくなどを行うことで記録が容易になることを学びます。また、自分のお金のマネジメントとして、使ったお金が「あれは無駄だった」「失敗だった」と後悔することもこの時期には必要と考えています。入ってきたお金の範囲内で、考えて使わないとお金はすぐになくなってしまい、貯金しないと

ほしいものも買えないなど計画性を養い、社会や経済に興味をもたせることができます。
おこづかい帳の記入は、経済活動のなかで特に現金について記録を行う単式簿記の記入の仕方であり、現金での支出金額を記録していきます。入ってくるお金と出ていくお金を毎日記録し、月末に集計し入金額と出金額の差額から、月末の現金残高を把握します。ただし、小学生のこの時期には、支出額について何に使ったのかを記録し、無駄遣いがなかったか等の判断材料とします。

では、小学生のおこづかい帳の記入例で確認していきましょう。次のおこづかい帳記入例（図表2－1）は、小学生の1カ月のおこづかいの使い方を記載したものであり、何にいくら使ったかを記入し、最後にいくら残っているかを示したものです。この記入で1カ月間の消費行動が把握されこの結果から、小中学生は無駄遣いなどがなかったか、足りなくなっていないかなどを把握し、お金を管理します。

このおこづかい帳の記入例では、おこづかいをもらったり、使ったときに記録を行って、何に使ったのか、今いくら残っているのかを管理しています。ここでは、月中おじいちゃんからおこづかいをもらったときに、その一部を貯金箱に貯金し、お金を大事に貯めていこうとする行動がみられる一方、残高からお祭りにいくためのおこづかいが足りないと判断し、貯金箱から300円をおこづかいとして取り出しています。

お祭りというイベントにお金を使いたいものの、その前にお菓子等の購入でおこづかいに

図表2－1　おこづかい帳

おこづかい帳

(小学校高学年)

先月のこったおこづかい	150円
今月のおこづかい	1,500円
合　　計	1,650円

7月

日にち	内　　　容	もらったお金	使ったお金	のこったお金
7月1日	おこづかい	1,650		1,650
3日	まんが雑誌		420	1,230
5日	お菓子（チョコレート）		105	1,125
8日	ゲームカード		50	1,075
11日	ジュース		120	955
12日	ハンバーガーセット		390	565
15日	おじいちゃんからおこづかい	1,000		1,565
16日	貯金箱へ		500	1,065
19日	お菓子（ポテトチップス）		50	1,015
21日	アイスクリーム		100	915
23日	まんが雑誌		420	495
26日	ゲームカード		100	395
27日	貯金箱から	300		695
〃	お祭り・やきそば		250	445
〃	お祭り・ゲーム		200	245
合　計		2,950	2,705	245

不足が生じたため貯金箱からお金を出すということになり、ここでは、お金を使うことの計画性を学ぶ結果となっています。このように、小中学生のお金のマネジメントは、現金の収支からその管理を行うことが中心となります。

2　高校生・大学生のお金のマネジメント

高校生・大学生にとってのおこづかい帳も同じ役割ですが、収入金額が、アルバイト代などが入り多くなり、さらに消費行動範囲も広くなるた

図表2－2　現金出納帳

現　金　出　納　帳　　　　　　　　　　　　　　（大学生）

受　入	平成23年		摘　　要	支　払	飲食費	衣料費	交際費	文具・本	その他	残　高
25,000	7	1	前月繰越							25,000
		2	昼　食　代	315	315					24,685
		4	Ｔシャツ代	1,000		1,000				23,685
		5	ゲームソフト購入	3,500					3,500	20,185
		6	参考書購入	1,200				1,200		18,985
		8	ボーリング	900			900			18,085
		10	飲　み　会	3,000			3,000			15,085
		11	交　通　費	290					290	14,795
		13	友人と食事	1,800	1,800					12,995
		15	ゲ　ー　ム　代	500					500	12,495
		16	お　菓　子　代	210	210					12,285
		18	シャープペンシル	150				150		12,135
		20	検定試験申し込み	1,500					1,500	10,635
		22	デート代（遊園地）	4,200			4,200			6,435
		23	夕　食　代	2,000	2,000					4,435
		28	昼　食　代	400	400					4,035
			合　　計	20,965	4,725	1,000	8,100	1,350	5,790	
13,000		31	アルバイト収入							17,035
12,000		〃	おこづかい							29,035
		〃	次　月　繰　越	29,035						
50,000				50,000						
29,035	8	1	前月繰越							29,035

め、より細かい計画性をもってお金のマネジメントを行う必要が出てきます。

また、この時期からは記録された支出をみるだけではなく、その記録された結果から得られる情報を使って消費行動をマネジメントしていかなければなりません。そのためにも支出項目を品目ごとに細分化し、集計することにより支出の原因を把握することができるようになります。その原因を知ることにより無駄遣

いがわかり、支出の改善をすることを学び実行することができます。ここではおこづかい帳をさらに細分化したもので、項目別に集計が行える小口現金出納帳の記入例をもとに、消費行動について確認していくことにします。

現金出納帳が、おこづかい帳の記入と違う点は、細分化された項目の集計をすることができる点であり、この項目別記録の集計額によって支出額の把握を行い、使い方の偏りや使いすぎを確認し、バランスの良い支出を心がけるようにします。この記録では、飲食費が支出の22・5％、交際費が支出の38・6％を占め、2つの項目で全体の61％を占めています。交際費や友人との飲食費について抑えなくてはならないと判断することができます。

小中学生の時期および高校大学の時期は、支出の記録から何に多く使ったのかを把握し、無駄使いをしていないかを知ることが重要です。そのためにも記録する技術を学び、日々継続して記録していくことを実践し、お金のマネジメント（管理）を行っていくテクニックと知識をもつことが大事であり、この時期に身につけるようにしましょう。

Ⅲ　自分のお金のマネジメントと簿記（複式簿記的知識）

ここまでは、収入と支出を把握し、日々の記録を継続的に行うことにより、効率的な使い方や使いすぎないことを判断するための指標として、おこづかい帳をみてきました。おこづかい帳の結果からは現金の残高を知ることはできますが、預貯金などの残高や、クレジット

カードやローン（勤労者のお金のマネジメントで説明）の残高はわかりません。つまり単式簿記では結果としての現金の残高を知ることはできますが、その結果にいたるまでの経過を知ることはできないのです。

そこで、複式簿記的知識が必要となってきます。勤労者・大人のお金のマネジメントでは、入ってきたお金だけではなく、クレジットカードの使用や住宅ローン・自動車ローンなど他人からお金を借り、物を購入した場合には、消費行動を経済活動的にとらえ、現金で物を購入すれば、現金が減少し商品を手に入れることができ、住宅を購入し住宅ローンを組んだ場合には、建物という固定資産が増加し、住宅ローンという負債が増えたなど、購買活動を二面的にとらえる複式簿記の役立ちを生かして判断をしていくことを学びます。

小中学校・高校大学と違い、勤労世代・主婦のお金のマネジメントは、勤労によりお金を手に入れることから、お金を使う流れのなかで、現在の生活のみならず将来のため（教育・医療・住宅取得・リタイア世代）に使うことを考え、効率的な管理を行うための知識となります。

1 **勤労世代および主婦のお金のマネジメント**

勤労世代のお金のマネジメントでもまず、自分がどれくらいの収入を得、どれくらい消費行動をしたのかをレシートなどの証憑類で把握、記録し、過去の記録から将来の消費行動に

生かすための計画を立てていくことになります。この年代からの記録簿はおこづかい帳というよりは家計簿といった方がふさわしいでしょう。

若年時からおこづかい帳を継続的に記録することを行ってきた結果として、自分のお金を効率的に管理し、支出計画をする能力が身についているはずであり、この年代からのお金のマネジメントに有効な知識・能力となるはずです。

自己の家計簿を記録していくさい、収入金額は、自己の提供した役務に対しての対価である給料であり、給料の支給とともに受け取る給料明細で、その給料から源泉所得税や健康保険料・雇用保険料などが差し引かれて手取り額になっていることなどを知ります。

また、消費行動によるレシートからは、購入費用には消費税が含まれることなども意識するようになってきます。さらに、月ごとの給料の範囲内だけの支出ではなく、自動車や住宅を購入したローン支払いの長期的支払計画を立てる知識も必要となり、長期ローンを組む場合には利息金利なども意識しておかなければならない項目です。また、将来に備えた貯蓄や投資による資産形成も、自分のお金のマネジメントに入ってきます。

主婦の立場でいえば、家庭の日々の生活を営む上の支出から、将来の子供の学費などの貯蓄、もしもの時の生命保険への加入など、あらゆる場面で、お金のマネジメントが必要となってきます。

図表2-3　家計簿

2011年　8月の家計簿

今月の収入

項　目	金　額
給料（手取り）	370,000
妻（パート）	30,000
ボーナス	
収入合計	¥400,000

今月の支出

項　目	金　額
住宅ローン	79,000
管理費	13,000
電気代	12,000
ガス代	10,000
水道代	6,000
電話代	4,500
携帯電話代	14,500
新聞代	3,000
自動車ローン	30,000
駐車場代	11,000
ガソリン	5,000
保険（夫）	19,000
保険（妻）	10,000
学資保険	13,500
貯　金	40,000
食費合計	40,000
日用雑貨合計	10,000
衣料費	10,000
上記以外合計	8,000
教育費（塾代等）	20,500
こづかい	30,000
固定支出合計	¥389,000

今月の残高

¥11,000

（1）家計簿の記入

家計簿の記入は、小中・高校大学世代の消費行動とは異なり、生活をするための支出、将来に備えるための支出、資産を取得するための支出など、支出項目も多岐にわたって行われるようになります。また、勤労により得られるお金を家計の収入として把握し、その範囲内で支出を行っていくよう計画的に管理していくことになります。図表2-3の

家計簿は、ある家庭の1カ月間の集計記録です。支出項目を生活に必要な項目やローン返済金額の項目に細分化し、収入と支出のバランスを把握することで、どの項目に月々の支出額の負担が多いのかなどを分析します。特に月々変動する光熱費・電話料金や食費・日用雑貨の全体に占める割合は重要で、この例の場合、収入の24・9％を占めています。支出を抑え将来のために少しでも貯蓄を行えるように工夫をする材料としましょう。

（2）住宅取得（利息・固定資産税）

住宅ローンを組む場合、最初に考えなくてはならないことは、年間どれだけ返済していけるのかです。判断材料としては、貯蓄をしてみることです。100万円貯められるのであれば、年間100万円の返済計画でローンを組むことができます。そのためにも家計簿をしっかりつけることにより、収入額と支出額を把握し、貯蓄の実現性をマネジメントしなければなりません。住宅ローンは、ローンを組むさいに手数料と返済ができなくなったときのための団体生命保険への加入も必要となるほか、取得をしてからの毎年の固定資産税の支払いが伴います。借入額と借入期間の判断も必要になります。また、借入額のほか利息の支払いが伴います。取得をしてからの毎年の固定資産税の支払いも考えておかなければなりません。

図表2－4は、住宅取得のために2,200万円を借り入れ、35年間で返済していく場合

45　第2章　自分のお金のマネジメント

図表2－4　住宅ローンの返済額と固定資産税

(単位：円)

物　件	購入価格	頭　金	借入金	返済期間
マンション	30,000,000	8,000,000	22,000,000	35年
長期固定金利	月々返済額	返済総額	利　息	固定資産税
2.5%	79,000	33,040,000	11,040,000	約160,000

の返済額と年ごとにかかる固定資産税を示したものです。長期にわたる返済であるため返済計画は慎重に行うことが必要です。

（3）クレジットカードや新しいお金

クレジットカードや携帯やスマートフォンの先払い電子マネー・後払い電子マネー、ポイントカード、マイレージカードなどさまざまな新しいお金とよばれるものが出てきています。先払い電子マネー（チャージ制）は支払いや利用することによりポイントが付くものもありますが、クレジットカード・後払い電子マネーは、使ったときに自分自身の負債になります。

それぞれ、自動車ローンや住宅ローン同様、あとで支払いが発生してくるものです。しっかりした知識と計画性をもって利用しないと、負担が増してくるばかりでなく、取り返しのつかない事態を招く可能性があります。このちょっとした、複式簿記の知識をもっていることにより自己破産のような最悪の事態を回避することができます。

2 リタイア世代のお金のマネジメント

リタイア世代での収入は、勤労収入から年金収入となり、勤労世代にたくわえてきた資産との範囲内で生活のマネジメントを行うことになります。

定年退職後の不安は、年金をいくらもらえるのか、退職金と年金で生活していけるのだろうかというお金の不安が一番となります。そのため定年後の収入や支出を把握しておかなければなりません。また、リタイア世代のマネジメントをするさい、貯蓄などの資産のほか住宅ローンなどの負債も把握しておかなければなりません。さらに、この年代でも生命保険への加入などの費用もあるので、死亡保障保険や医療保障保険の見直し等で支払保険料を軽減するための検討などのマネジメントが必要となってきます。

勤労・主婦のマネジメントでは、住宅ローン・自動車ローンについて毎月の支払額の記録を行い、収入金額のなかから将来支払いを続けていけるかなどの判断を行いましたが、実は、住宅・自動車を取得するということは、住宅・自動車という資産と住宅・自動車ローンという負債を同時に取得することです。このように、財産と借金を把握し、借金を減らすのかなどの判断がていけるのか、それともリタイアした時点で資産を手放し、借金を減らすのかなどの判断が必要となります。そこで、リタイア世代のマネジメントは、家計のバランスシートの作成を行い、自分自身の財政状態を把握し判断を行うことが必要となってきます。

47 第2章 自分のお金のマネジメント

図表2－5　バランスシート

資産の部	
項　目	金額（残高）
普通預金（夫）	900,000
普通預金（妻）	1,000,000
郵便貯金	700,000
株　式※	500,000
建　物	13,000,000
土　地	20,000,000
自動車	800,000
定期預金	2,000,000
定額貯金	400,000
公社債投信※	600,000
資産合計	39,900,000

負債の部	
項　目	金額（残高）
住宅ローン	15,000,000
自動車ローン	1,000,000
カードローン	680,000
その他借入金	400,000
負債合計	17,080,000
純資産の部	
純　資　産	22,820,000
純資産・負債合計	39,900,000

※時価。

　自分のお金のバランスシートでは、金融資産や実物の資産を明確にし、さらに住宅ローンなどの負債を把握します。資産から負債を引いたものが純資産であり、自分のお金のストック部分となります。自分のお金のことを把握するとき、日々のキャッシュ・フローだけではなくストックについても知っておく必要があります。負債については、早期返済や借り換えなどの判断材料とします。

（1）年　金

　年金については、「年金の種類」と「いつから」・「いくら」もらえるのかも知っておかなければなりません。リタイア世代にとっては、年金はセカンドライフの生活の糧となる重要なお金です。また、

図表2－6　公的年金の平均年金月額

国民年金（老齢基礎年金）	5.8万円
厚生年金	16.7万円
共済年金（国家公務員）	22.1万円
共済年金（地方公務員）	22.8万円
共済年金（私立学校職員）	21.5万円

※厚生年金・共済年金には老齢基礎年金を含む
（平成20年3月末現在／厚生労働省年金局「公的年金制度の現状」）。

国などから受け取る公的年金も、雑所得として所得税、住民税の対象となることを知っておかなければなりません。公的年金には、国民年金（老齢基礎年金）・厚生年金・共済年金（国家公務員・地方公務員・私立学校職員）があり、平均年金月額は図表2－6のようになっています。また、年金支給については、年金支給のつど所得税が源泉徴収されます。

源泉徴収は所得税の前払いなので、勤労世代では会社側で年末調整をしてくれましたが、確定申告により正しい税額との過不足を精算する必要があります。「公的年金控除」という特別な控除があり、税制上は優遇されることも知っておく必要があります。

(2) 健康保険

サラリーマンとして働いていたときは、健康保険料は給料から天引きされていましたが、定年退職後は国民健康保険に自分で加入し、支払いをしなければなりません。介護保険料は年金から控除されます。また、扶養する妻がいる場合に、健康保険料・介護保険料、さらに妻が60歳未満の場合には、国民年金の支払いも発生してきます。

49　第2章　自分のお金のマネジメント

(3) 医療保険・生命保険

リタイア世代では、もしもの時の医療保険、そして死亡時の葬儀代として考えておく生命保険などの保険料の見直しも行わなければなりません。できる限り月々の支払額の負担を軽減するようにすること、そのために自分が今不安に思っていることに保障があるものを選択します。病気になったときに高度な医療を受けるためのもの、自分が死亡した後の妻や家族の生活や葬儀代を考えたもの、長生きするための介護を受けるためのもの、自分のライフプランに合った保険にすることが重要です。

また、見直しはリタイア世代に入る前の50代で保険プランの選択肢が多いうちに行っておきましょう。保障よりも保険料負担を軽減するのであれば「こくみん共済」や「都民（県民）共済」といった地域共済に加入することも選択肢の1つです。保険プランにもよりますが、月額5,500円から6,500円程度の負担額になります。

(4) 住宅ローン・自動車ローンなどの負債

ローンには、返済期間の長短を問わず、利息がかかります。また、長期の住宅ローンは利息負担も軽いものではありません。そこで、金利の低いものへの借り換えや、退職金による繰り上げ返済や完済を検討する必要があります。借り換えでは、金利の低いものへ借り換えを行い、利息負担の軽減をします。ただし、借り換えは、契約のやり直しのため、借り換え

の費用（10万円を超えることも）が別途必要となり、結果的に負担が軽減されない場合もあるため慎重に試算する必要があります。

繰り上げ返済には、月々の支払額を軽減する方法と返済期間を短縮する方法がありますが、支払う利息を軽減する期間を短縮する繰り上げ返済が有効で、早期の完済を目指しましょう。

Ⅳ 自分のお金のマネジメントの必要性

各世代によって収入・支出は変化してきますが、それぞれの年代で、限りあるお金の範囲内で家庭生活・社会生活を営むため、さらには満足できる生活を送るために、消費行動の意思決定を行っていかなければなりません。

失敗しない自分のお金のマネジメントを行っていくためにも、教養としての簿記（個人のお金の管理の記録）の知識をもち、自分の貸借対照表やキャッシュ・フロー計算書などを作成する技術やそれら諸表から情報を読み取る能力をもち、自分のお金のマネジメントに必要な知識として役立つように、若年時代から身につけていく必要があります。

第3章 他人のお金のマネジメント

第1章で簿記を教養として学ぶ意義や必要性を説明し、「教養簿記（みんなの簿記）」を実践しようと提言しました。前章では「自分のお金」のマネジメントに簿記をどのように役立てているのかをテーマに、主に単式簿記のしくみを活用した具体的な実践方法について説明してきました。本章では「他人のお金」のマネジメントに簿記をどのように役立てるのかをテーマに、簿記のしくみを活用した具体的な実践方法について説明していきます。

I 他人のお金とは何か

前章では、読者の皆さんが家庭生活や社会生活を営むうえで行う経済活動（＝お金を手に入れたり、使ったりする行為）に関連し、「自分のお金」に着目して消費の経済行動ないし会計行為を具体的に取り上げて説明しました。人生のタイムテーブルにそって考えると、「自分のお金」とは、小・中学生ならおこづかいの範囲内での消費行動、高校生や大学生ならおこづかいとアルバイト代収入の範囲内での消費行動、勤労世代になると労働報酬（一般には給与）の範囲内での消費行動だけでなく、住宅・自

52

図表3−1　自分のお金と他人のお金

年齢区分	小・中学生	高校生・大学生	勤労世代	リタイア世代
自分のお金	おこづかい 生活費	アルバイト代等 生活費	労働報酬等 生活費＋資産形成	年金収入等 生活費＋資産管理
他人のお金	特になし	部活動等のお金 イベントのお金	会社のお金 諸会費のお金	諸会費のお金

動車などローンを伴うような大きな買い物や生命保険などの貯蓄・投資（資産形成）も「自分のお金」に入ってきます。また、リタイア世代では年金収入など勤労世代に形成してきた資産の範囲内での消費行動が「自分のお金」となります。これらは一括りにいえば、「家計」であり、前章で説明したように、予算制約のなかで最大の満足度を得るという合理的な消費活動の意思決定ができるように、教養簿記の役立ちが期待されるのです。

では「他人のお金」とは何を指すのでしょうか。こちらについても人生のタイムテーブルにそって考えてみましょう。本章が対象としている「他人のお金」とは、読者が社会生活を過ごすなかで、自分が中心となって（あるいは責任をもって）マネジメント（管理）をしなければならない状況に遭遇するか、利害関係（＝損得関係）が発生する可能性がある「他人のお金」を想定しています。これを図表3−1にまとめてみました。

小・中学生で「他人のお金」に該当するものは、保護者が支払うPTA会費や部費として集めたお金などが考えられますが、これらは小・中学生が主体となって管理することはなく、保護者や教員などの

53　第3章　他人のお金のマネジメント

大人が主体となって管理するため、小・中学生の頃は「他人のお金」ではなく、「自分のお金」のマネジメントができるよう、教養簿記を役立ててもらえたらと思います。

高校生になると、生徒会や部活動、文化祭（学校祭・学園祭）などの場面で、会計という役職につくと、生徒会費・部費・文化祭活動費といった参加者のお金（つまり「他人のお金」）や学校からの助成金（これも「他人のお金」）を扱う場面に遭遇します。この「他人のお金」は参加者の便益に資するように、また助成金を出してくれた学校に説明がつくように、管理しなければなりません。自分たちのやりたいこと（＝事業計画）を立案し、それにいくらお金がかかるのか、財源は確保できるのか、お金の使い途に問題はないかなど、教職員の指導を受けながらも、自分たちで考えて判断できるようにする必要があるでしょう。

大学生になれば、こうした活動はほぼ自主的に運営することになります。自分たちがやりたいことについて予算立てをして、メンバーからいくらお金を集めればいいのか、負担は多すぎないか、お金を予定どおり集金できるのかなど、担当者は多くのことを考えて行動しなければなりません。このように部活動やサークル活動で部員から集める部費や会費はもちろんのこと、合宿や懇親会など単発の行事で部員や参加者から集める会費もすべて「他人のお金」です。会計という役職につかなくても、単発で幹事を引き受けることがあるでしょう。大学ではゼミ活動も始まりますから、こうした機会が増え、「他人のお金」を、責任をもって扱う機会は避けて通れないかと思います。

54

このように、「他人のお金」のマネジメントを行う機会は、社会人（勤労世代やリタイア世代）になっても同窓会費、ＰＴＡ会費、自治会費といった形で読者の皆さんの前に何度も登場することでしょう。また、これらの「他人のお金」は自分も参加者ですから、一部は「自分のお金」でもあります。「他人のお金」のマネジメントを経験することで、「自分のお金」がどう使われているかを意識できるようになり、自分が納付した税金、寄付した募金、投資した資金が「他人のお金」としてどう使われているのかに関心がもてるようになるのです。こうしたことで、政治や行政に関心をもったり、自分の意思を選挙のさいに投票行動で示したり、投資詐欺にも騙されにくくなるのではないでしょうか。このように「他人のお金」をマネジメントすることは、よりよい社会づくりにも大いに役に立つのです。

勤労世代で扱う「他人のお金」で、機会も金額も大きいのが会社（店）のお金でしょう。読者の皆さんが自分で出資した会社（店）のお金なら、「自分のお金」と「他人のお金」を公私混同しないよう大切に使うことでしょう。ここでは「自分のお金」と「他人のお金」を公私混同しないようにすることが重要です。一方、自分が出資していない会社（店）のお金や官公庁の予算はほぼ「他人のお金」なので、大切に使おうという意識が希薄になりがちです。そういう意味でも、学生時代に会費などの「他人のお金」のマネジメントを行う経験をしておくことは、よりよく生きるための教養になると思うのです。

本節では、「他人のお金」とは何かを説明することを通じて、「他人のお金」のマネジメン

Ⅱ 他人のお金のマネジメントと簿記の役立ち

簿記を行うことの重要性を説明しました。次節以降では、「他人のお金」のマネジメントを行う場合、どういうときに簿記のしくみが役立つのかを説明していきます。その説明を通じて簿記の本質を知り、「みんなの簿記」として教養簿記を学ぶ意義（＝簿記の役立ち）が感じられるようにしたいと思います。

以下では、本節の説明に登場した「他人のお金」を扱う場面を具体的な事例としていくつか取り上げます。たとえば、単発の行事で集める会費の場面や継続的に事業活動がある団体の会費の場面を想定して、それぞれの場面に応じて単式簿記的なあるいは複式簿記的な簿記の役立ちを説明したいと思います。

1 単発の行事で集める会費のケース（収入が参加費のみで賄われる場合）

懇親会や合宿・旅行など、会費が参加費だけで賄われるような単発の行事は、私たちの生活のなかでよくある出来事です。

〈懇親会〉

大学生や社会人になると、折に触れて歓迎会、送別会、花見、暑気払い、打ち上げ、納会、忘年会、新年会、コンパ、バーベキューなど（以下、懇親会といいます）の機会が増え、幹事

56

を経験することも多いでしょう。高校生でも誕生日会や学園祭の打ち上げなどで幹事を経験することがあるのではないでしょうか。こうした懇親会は参加者の会費制で行われ、たまに端数の残金が出ることはありますが、1回限りでお金の計算も終了することが多いかと思います。

〈合宿や旅行〉

部活動やサークル活動、ゼミ活動には泊まりがけの合宿がつきものです。いまは少なくなりましたが、会社の慰安旅行などもあります。これらの行事は懇親会と同様に参加者が参加費を負担する形で行われますが、懇親会よりも支出内容が多岐にわたる可能性があり、会計は少し面倒になります。

このように懇親会と合宿・旅行は、1日で終わる行事か、数日で終わる行事の違いがあり、そのため収支計算の面で支出項目や金額の大小に差はありますが、かかる費用を参加費で充当することに変わりはありません。以下では単純な例として、12人のゼミの同級生と誕生日会を開催する場合を想定してみました。

最初に決めておかなければならないのは、日程と予算です。日程は早めに設定すれば、都合をつけられると思いますが、予算はあらかじめ話し合って上限を決めておく必要があるでしょう。誕生日会を開催する場所と方法は予算に制約されるからです。そこで誕生日会の予算としてプレゼント代が1人1千円（誕生月の1人を除く）、飲食代が1人3千円（誕生月

図表3－2　誕生日会の収支予算書

収　　入	支　　出
飲食代として 　　3,000円×11名＝33,000円 　　1,500円× 1名＝ 1,500円	飲食代として 　　3,000円×12名＝36,000円
プレゼント代等共通経費として 　　1,000円×11名＝11,000円	ホールケーキ代として　　2,500円 プレゼント代として　　　7,000円
合　　計：　45,500円	合　　計：　45,500円

の1人は半額）を目安にすることに決まったとします。このようなとき、図表3－2のような収支計算の予算書を作成しておくと便利です。この予算も簿記の役立ちの1つです。

この予算は項目別に収支を対応表示させることで、収支のバランスや支出項目の財源がわかりやすくなります。たとえば、誕生月の1人の飲食代が半額になって不足している1,500円を、プレゼント代で充当しているのがわかります。このほかに、幹事は収支の金額に影響する変動的な事態も想定しておく必要があります。たとえば、当日体調不良などで参加できない人がいた場合や、逆に多く支払ってくれる人がいた場合、飲食店で想定外の注文をしてしまった場合などは、実際の収支計算に変動が生じてしまいます。幹事はこのような場合にでも予算の範囲内でやりくりしなくてはなりません。

図表3－2の例示で予算立てをした後、実際に当日の誕生日会は次のようになったとします。体調不良でキャンセルが2名生じ、参加費を徴収できませんでした。その代わり、ゼミの先生が参加してくれて参加費10,000円を出してくれました。飲食代は

図表3−3　誕生日会収支報告書

収　　入	支　　出
飲食代として 　　3,000円× 9名＝27,000円 　　1,500円× 1名＝ 1,500円 　　10,000円× 1名＝10,000円	飲食代として 　　3,000円×11名＝33,000円 　　2,000円× 1名＝ 2,000円
プレゼント代等共通経費として 　　1,000円×11名＝11,000円 （うち2名分2,000円は後日集金）	ホールケーキ代として　　2,500円 プレゼント代として　　　7,000円
合　　計：　49,500円	合　　計：　44,500円
	残　　金：　 5,000円

コースで注文していたので、飲み放題分の1,000円だけキャンセルできましたが、コース料理代金2,000円1名分はキャンセルできませんでした。幹事のゼミ生は誕生日会の終了後に図表3−3のような収支報告書を作成しました。残金5,000円はメンバーで相談して参加した10人に500円ずつ返すことにしました。

今回はたまたま参加してくれた先生が多く支払ってくれたことで予算は足りましたが、足りない場合には幹事が一時的に立て替えなければならないなどの事態が生じます。幹事からは欠席した人から集金をするのは心苦しいものです。幹事を経験すれば、幹事の大変さがわかり、安易にドタキャンしないよう心がけたり、仮にキャンセルしても実費は支払ったりといった気遣いができる人になるでしょう。簿記の役立ちは、「金の切れ目が縁の切れ目」を防ぐことにもつながるのです。

また、こうした計算書を作成するさいに、支出については領収書やレシートなどの証拠書類（＝証憑（しょうひょう））を保

2 単発の行事で集める会費のケース（収入が参加費以外にもある場合）

（1）助成金収入があるケース

単発でイベントを開催または参加するさい、自己資金だけでなく、学校や公共団体から助成金を得て、イベント活動をする場合があります。この場合は、多くの場合で収支報告をする必要があります。ではどのように収支報告をすればいいのでしょうか。

以下では単純な例として、私が顧問をしているテコンドー部の部活動を事例に説明しましょう。大学では大学選手権などの公式戦で遠征した場合に遠征費として10万円を上限に助成金が支給されます。この場合、支出内容は助成金の支出規定にしたがう必要があることに注

図表3－4　誕生日会収支報告書

誕生日会会費				
石川	~~4,000~~	小川	~~4,000~~
高橋	4,000	加藤	4,000
中村	4,000	小林	4,000
新島	4,000	新野	4,000
橋本	4,000	牧野	4,000
渡辺	4,000	吉田	1,500

先生：10,000円

合計：47,500円

（石川・小川は後日1,000円集金）

管しておけばよいのですが、収入（＝徴集した参加費等）は証憑がないので、図表3－4のように集金する封筒をあらかじめ作っておくと、収支計算が合わないとか、残金の現金が過不足になることを防いでくれます。こうした証憑は、帳簿記録（＝簿記）の元になり、参加者に説明のつく会計報告につながる（＝明朗会計）ので、とても重要なアイテムになります。

図表3－5　収支予算書（大会遠征費：助成金あり）

収　　入	支　　出
助成金収入：　　　　　100,000円 自己資金　： 　　10,800円×10名＝108,000円	参加経費： ・交通費（往復高速バス）： 　　　6,800円×10名＝ 68,000円 ・宿泊費： 　　6,000円×10名×2泊＝120,000円 ・大会団体登録費：　　　10,000円 ・大会個人登録費： 　　　1,000円×10名＝ 10,000円
合　　　計：208,000円	合　　　計：208,000円

意し、その上で自己負担額を算出することになります。部員10名が長野県松本市で行われる大会に2泊3日で遠征することになりました。そこで幹事のあなたは、図表5の収支予算書を作成して、大学の学生支援事務室に助成金申請書を提出し、参加部員に1人当たりの負担額を伝えることにしました。

まずは大会遠征費にかかる費用を積算します。図表3－5から旅費交通費が188,000円かかりますが、助成金が充当されて88,000円だけ自己負担となり、1人当たり8,800円であることがわかります。このほかに大会登録費が20,000円かかりますので、1人当たり2,000円で、合計10,800円の自己負担となり、これを参加費として徴収することになります。なお、助成金は後日支給されることが多いため、当初は20,800円集金して、後日10,000円ずつ返金するということになるでしょう。

このように助成金を当てにできるときは、かかる経費か

61　第3章　他人のお金のマネジメント

ら助成金を差し引いて自己負担額を決めることができるので、経費を積算するときも自己負担可能額に合わせて、予算に余裕があれば高速バスではなく、特急電車で行くなどの代替案を選択することもできるでしょう。図表3－5のように予算書を作成すれば、さまざまな代替案を検討したり、収支のバランスを考えたり、助成金の申請にそのまま適用できたり、部員への説明に使えたりと簿記の役立ちを実感できることでしょう。

（2）売上収入等があるケース

　学園祭やイベントで模擬店を出店するという機会は学生時代なら多くあると思います。模擬店の場合は参加者が自己資金を出し合うことが多いですが、飲食物や物品を販売しますので、売上代金という形の収入を見込むことができます。複数のメンバーで自己資金を出し合った場合には、儲かったときはどう分配するか、逆に損したときはどう穴埋めするかなども決める必要があり、そんなときには収支計算や損益計算（＝元がとれるかどうかの計算）が必要になります。

　以下では単純な例として、私の研究室（ゼミ）が毎年、学園祭で販売しているりんごの模擬店を事例に説明しましょう。学園祭では出店料が3,000円かかります。商品のりんごは夏休みの実習先でお世話になった果樹園から直接仕入れました。りんご1箱10キログラム（48玉入り）を10箱仕入れ、1ケース2,940円（税込み）、送料が全部で3,600円かか

62

図表3－6　収支計算（イベント：売上収入あり・模擬店）

収　　入	支　　出
出資金： 4,000円×12名＝48,000円 売上金　　　　　　　　　　57,600円	出店料：　　　　　　　　　　3,000円 仕入代： 2,940円×10箱＝29,400円 送料：　　　　　　　　　　　3,600円
合　　計：105,600円	合　　計：36,000円
	残　　金：69,600円

りました。

また、持ち帰り用の包装袋や試食用のりんごは果樹園が無償で提供してくれました。

研究室（ゼミ）の学生12名は4,000円ずつ出資して、りんごの調達費用やお釣りなどに充て、3日間で完売を目指すことにしました。販売価格は果樹園と相談して1個120円としました。その結果、値引きしたり、おまけをつけたりすることもありましたが、2日半で無事完売することができました。店長役の学生が図表3－6のとおり収支報告を行い、出資額を含めて1人当たり5,800円を返金することができました。

店長役の学生（中村君）は簿記を勉強していたため、りんご1個にかかる経費（原価）を計算して、何個販売すれば元がとれるかを試算し、1日当たりの販売目標をメンバーに伝えて士気を高める工夫をしていました。りんごの仕入代金は送料も含めて10箱480個で33,000円なので、1個当たりの原価は68.75円です。また、出店料3,000円をりんご1個当たりの経費として計算すると、6.25円となり、全部で75円かかっていることがわかります。

これらの経費は3日間で完売しなければ資金を回収することはで

63　第3章　他人のお金のマネジメント

図表3-7　りんごの模擬店の損益計算シミュレーション

	完売できた場合	元がとれる場合
売上高	120円×480個＝57,600円	120円×300個＝36,000円
売上原価 販売経費	75円×480個＝36,000円	75円×480個＝36,000円
利　益	21,600円	0円

きないので、中村君はゼミのメンバーに「36,000円を回収するためには、1個120円で300個販売する必要があるから、販売目標は1日100個だよ」と説明したのです。中村君は簿記で学んだ知識を応用して、元がとれるかどうかの計算（＝損益計算）を、図表3-7のようにゼミのメンバーに示したのでした。現金の収支計算だけでも、現金が当初の出資額48,000円から残金69,600円に増えて21,600円儲かったことはわかりますが、現金を増やす原因となる収益（売上高）と減らす原因となる費用（原価）を計算してみることで、どうやって元がとれるかがわかるのです。これも簿記の役立ちの1つです。

3　継続的に事業活動がある団体の会費

これまで説明してきた「他人のお金」は、単発的な活動であるため、その活動にかかる「収支計算」が主に必要であることがわかりました。また、最終的に短期間のうちに現金等の財産に残金が出るか不足するかが判明し、財産の変動をいちいち管理する必要性はさほどないといえるでしょう。

64

ここで扱う「他人のお金」は、生徒会費や部活動費、同窓会費、PTA会費などで1年の間に継続的に活動がある団体のお金です。これらの団体の活動費は、団体を構成するメンバーから支出された会費収入や助成金（補助金）収入が財源となっていて、その使い途については予算を組んで承認を受け、活動終了後も決算報告をして団体メンバーから承認を受ける必要があります。そういう意味で「他人のお金」のマネジメントを特にしっかりやらねばならないのはこの段階からといえるでしょう。以下では、私がPTAの役員をしている関係で、PTAの会費を事例に説明しましょう。

PTAは公共性のある団体ですが法律上は任意の私的な団体ですから、PTAの会則（規約）で組織の目的や事業内容、会計（予算・決算）について規則を定めておく必要があります。PTA役員は、この規則にしたがって事業計画案と予算案を作成し、総会で承認を諮りります。M小学校の平成×1年度のPTA会費の予算が図表3-8のようであると仮定します。収入の部は、会費収入が1口3,000円（毎月250円ずつ徴集）×800口分で計2,400,000円、前期繰越金が240,000円、助成金収入が60,000円で合計2,700,000円の予定です。一方、支出については、事業計画に基づいて会議費、事務費、一般活動費、学校支援費などが予算計上されています。

総会で承認を受けた予算については、PTA役員は会員から集めた会費収入の財産（現金預金）を適切に管理するとともに、必要に応じて各費目の内規を設けて事業目的にそった諸

図表3－8　PTA会費の予算例

平成×1年度　M小学校PTA会費予算

【収入の部】

科　目	本年度予算額	前年度予算額	前年度決算額	予算の比較増減
前期繰越金	240,000円	260,000円	260,000円	▲20,000円
会費収入	2,400,000円	2,340,000円	2,300,000円	60,000円
助成金収入	60,000円	60,000円	60,000円	0円
雑収入	0円	0円	5,250円	0円
合　計	2,700,000円	2,660,000円	2,625,250円	40,000円

【支出の部】

科　目	本年度予算額	前年度予算額	前年度決算額	予算の比較増減
会議費	110,000円	120,000円	96,000円	▲10,000円
事務費	340,000円	350,000円	307,000円	▲10,000円
一般活動費	940,000円	920,000円	962,000円	20,000円
学校支援費	640,000円	640,000円	625,000円	0円
渉外費	400,000円	400,000円	380,000円	0円
予備費	270,000円	230,000円	15,250円	40,000円
合　計	2,700,000円	2,660,000円	2,385,250円	40,000円

費用の支出を管理しなければならないでしょう。一般には、図表3－9のように金銭出納帳で収入と支出を記録して常に残高を把握します。特に支出金額については、領収書や請求書と振込明細書などの証憑に基づいて記録するので、これらの証憑書類は領収書綴りなどに貼り付けて大切に保管します。

図表3－9の支出金額の横にある「#1」「#2」は領収書などにつけた連番の記号で、この金額がどの証憑を指しているのかをわかるようにしておきます。なお、領収書は、「日付」「金額」「領収内容の明細（品名・数量・単価）」「領収者（店）の住所・名称（氏

図表3－9　金銭出納帳

【記入例】　　　　　　　　　　　　　　　　　　　　　　（単位：円）

月日		摘要	（科目・内容）	収入金額	支出金額		差引残高
4	1	前期繰越		240,000			240,000
4	5	学校支援費	入学式記念品		75,000	#1	165,000
4	15	会議費	運営委員会（お茶代）		4,000	#2	161,000
4	25	会費収入	250円×780名	195,000			356,000
～	～	～	（中略）	～	～	～	～
3	26	学校支援費	卒業式記念品		94,500	#90	252,800
3	31	合　計		2,640,300	2,387,500		
		次期繰越			252,800		
		最終合計		2,640,300	2,640,300		

名・社名・店名）・印（個人印・法人印・代表者印）」「領収した旨の記載」の5項目を備えている必要があるので注意しましょう。

このように収入金額または支出金額を一度だけ記入するやり方を「単式簿記（single-entry bookkeeping）」といい、家計簿やおこづかい帳もこの方法です。この方法のメリットは、収入や支出が発生した順番に単純に記録していくので、帳簿記入が簡単なことです。収入合計や支出合計、差引残高を把握するだけなら適した方法といえます。

しかし、決算書を作成するときや、科目ごとに予算執行済みの金額や予算の残高を知りたいときは、摘要欄の科目ごとに集計をしなければならないというデメリットがあります。この場合は、必要に応じて図表3－10のように科目別の明細表を用意して、予算と支出と残高を管理することが多いと思います。

こうした単式簿記のデメリットを解消する方法と

図表3-10　科目別の明細表

【記入例】　　　　　学校支援費　　　　　　　　　　（単位：円）

月	日	摘　要	本年度予算額	支出金額		予算残高
4	1	予算割当	640,000			
4	5	入学式記念品		75,000	#1	565,000
～	～	～～～～～	(中略)	～～～～	～	～～～～
3	26	卒業式記念品		94,500	#90	5,500
3	31	合　計	640,000	634,500		

図表3-11　複式簿記による記録の仕方

【記入例】　　　　　　　　　　　　　　　　　　　（単位：円）

月	日	収入金額		収入の原因	
4	1	現 金 預 金	240,000	前 期 繰 越	240,000
4	25	現 金 預 金	195,000	会 費 収 入	195,000

月	日	支出の原因		支出金額	
4	5	学 校 支 援 費	75,000	現 金 預 金	75,000
4	15	会 　議 　費	4,000	現 金 預 金	4,000
3	26	学 校 支 援 費	94,500	現 金 預 金	94,500
3	31	次 期 繰 越	252,800	現 金 預 金	252,800

して、収入金額または支出金額を二度記入する「複式簿記(double-entry bookkeeping)」という方法があります。二度記入するというのは、収入金額であれば収入の事実と収入の原因に、支出金額であれば支出の事実と支出の原因に分けて記録するのです。これを仕訳といいますが、図表3-9に記入してある収入と支出の内容を、複式簿記のしくみで記録すると図表3-11のようになります。

このように記入すると、収入金額の合計は金銭出納帳の左側に記入したのと同様に、

68

図表3−12 複式簿記による集計結果

(単位:円)

現金預金

収入金額(増加)	支出金額(減少)
4/ 1 繰越 240,000	4/ 5 75,000
4/25 195,000	4/15 4,000
(以下省略)	(中略)
…	3/26 94,500
	3/31 繰越 252,800
合 計: 2,640,300	合 計: 2,640,300

学校支援費		会費収入	
4/ 5 75,000			4/25 195,000
(中略)			(以下中略)
3/26 94,500			
合 計: 634,500			合 計: 2,340,000

左側に現金預金と記入した金額を合計すれば算出することができ、支出合計は金銭出納帳の右側に記入したのと同様に、右側に現金預金と記入した金額を合計することができます。また、収入の原因である「会費収入」の金額を合計すれば、会費収入の合計額が算出でき、支出の原因である「学校支援費」の金額を合計すれば、学校支援費の合計額を算出でき、図表3−10の科目別明細表と同じ機能をもたせることもできます。これらをまとめると1年間の記録結果は図表3−12のように示すことができます。

このように、簿記の記録に基づいた結果が図表3−13のような決算書(収支計算書および財産目録)です。収支計算書は金銭出納帳による単式簿記でも作成することができますが、財産目録は帳簿記録からは直接認識することができません。ほかにもパソコンや

69 第3章 他人のお金のマネジメント

図表3-13 PTA会費の決算例

平成×1年度　M小学校PTA会費　収支計算書
平成×1年度4月1日〜平成×2年3月31日

【収入の部】

科　目	本年度予算額	本年度決算額	比較増減
前期繰越金	240,000円	240,000円	0円
会費収入	2,400,000円	2,340,000円	▲60,000円
助成金収入	60,000円	60,000円	0円
雑収入	0円	300円	300円
合　計	2,700,000円	2,640,300円	▲59,700円

【支出の部】

科　目	本年度予算額	本年度決算額	比較増減
会議費	110,000円	90,600円	▲19,400円
事務費	340,000円	346,400円	6,400円
一般活動費	940,000円	948,000円	8,000円
学校支援費	640,000円	634,500円	▲5,500円
渉外費	400,000円	360,000円	▲40,000円
予備費	270,000円	8,000円	▲262,000円
合　計	2,700,000円	2,387,500円	▲312,500円

※収入総額：2,640,300円

　支出総額：2,387,500円

　収支差額：　252,800円（次年度へ繰越）

平成×1年度　M小学校PTA会費　財産目録
平成×2年3月31日現在

K信用金庫M支店　普通預金残高：252,800円

（注）西白河地区小中学校事務研究協議会HP「実務に役立つ会計事務Q&A」を参考に筆者が作成。

プリンターなど複数年にわたって使用できるような備品や、数年後に周年行事などの記念事業を行うために積み立てている積立金などは支出した当該年度しか収支計算書に表れないので、次年度以降は帳簿記録から直接認識することができなくなります。複式簿記によれば、収支計算書の集計も便利にできますし、手元の現金と預金を分けて記録したり、備品、積立金などの資産を帳簿記録から容易に把握することができ、財産目録の作成に役立ちます。財産が多い場合には貸借対照表を作成するのも1つの方法です。

このように、複式簿記のしくみは1つの事実を二面的にとらえるのが特徴ですが、その分、仕訳という特殊な作業を必要とすることが、デメリットとして考えられるでしょう。

PTAの役員（特に会計の役職者）は、こうした計算書の元となる証憑書類を適切に管理して帳簿に記録します。そして、収支計算書および財産目録などの決算書を作成して**監査**を受け、PTAの総会で決算書の承認を受けなければなりません。こうして、「他人のお金」のマネジメントを行うことは、公明正大に会計を行うことの第一歩です。これを実践するためにはは簿記の知識が必要であり、PTAのような組織を運営するさいに簿記の役立ちが期待されるのです。

Ⅲ　簿記を教養として学ぶ意義

本章では、「他人のお金」を扱う場面を具体的な事例として取り上げました。誕生日会、

部活の大会遠征、学園祭の模擬店、PTAの4つの事例で、それぞれ収支計算を例示し、会計を担当する者がどのように記録計算すればよいかを示しました。

4つの事例は関係する人の数や取り扱う金額の大小に違いはありましたが、「他人のお金」のマネジメントを行う上で共通して大切なのは、収入と支出の記録計算の根拠となる証憑書類の扱いでした。なかでも領収書がもっとも重要な証憑ですが、普段生活していると領収書の書き方を知らないアルバイト店員にしばしば遭遇します。このほか、ビジネスの世界では、納品書や請求書も重要な証憑書類です。領収書の書き方や納品書・請求書の作成のしかたは通常の学校教育でも検定簿記教育でも習うことはほとんどありません。このことは、簿記を教養として学ぶ必要性があることにほかならないと思います。

また、これら証憑書類に基づいて帳簿に記録するわけですが、その方法には単式簿記のしくみと複式簿記のしくみがあることを説明しました。「他人のお金」を扱う場面で、主に現金の収支（増減）と残高さえ把握できればよいのであれば、単式簿記のしくみで十分ですが、現金以外の資産の購入を伴うような場合は、複式簿記のしくみを活用した方が便利です。単式簿記も複式簿記も財産管理に役立つのが本質ですから、まさに「他人の財産であるお金」を適切に管理するために、その場面や用途に応じて使い分けることができるとよいでしょう。

読者の皆さんが簿記を教養として学ぶことで、よりよく生きるための知恵を身につけ、社会をよりよくするために役立てられたらと願います。

第4章 会社のお金のマネジメント

前章まで、「自分のお金」と「他人のお金」のマネジメントについて読み解いてきました。しかし、私たちの身近な世界でもっとも大きなお金が動く場所といえば、なんといっても会社でしょう。会社では、簿記、それも例外なく複式簿記を使って、日々の経営業務の管理が行われているはずです。そこで、本章では「会社のお金」のマネジメントに、簿記がどのように役立っているのかについて考えてみましょう。

I 会社のお金とは何か

1 会社と利害関係者

「会社」は、営利を目的として経済活動を行う主体であり、営利法人ともいいます。現在、日本における会社の数は約260万社といわれます。

会社にはいくつかの形態がありますが、もっとも一般的な会社は株式会社です。株式会社では、**株式**という出資証券を発行し、株式を購入した人はその会社の所有者となります。しかし、日々の会社運営は、それぞれの業種における専門的知識をもつ人でなければうまくい

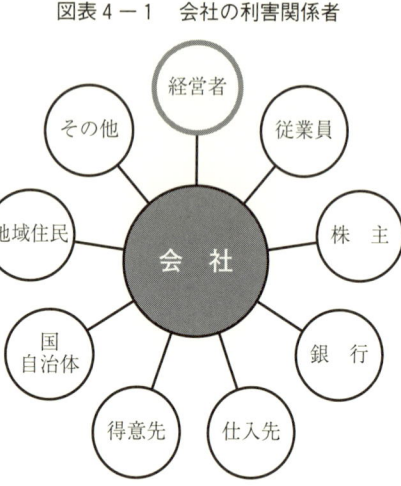

きません。そこで、株主は経営者に会社運営を委託し、経営者は自身が雇った従業員とともに日々の業務を行います。

会社は個人とは比べものにならないほど、多くの人々と関係を有します。これら会社と関係を有する人たちのことを、利害関係者（ステークホルダー）といいます。利害関係者には、まず、会社で働く人として、社長をはじめとする経営者と従業員がいます。また、会社に対する資金提供者である株主や銀行なども、利害関係者に該当します。このほか、商品などの購入相手である仕入先、商品などの販売相手である得意先（顧客）、さらには儲け（利益）が出たさいに税金を納付する機関である国や自治体、さらには地域住民も利害関係者に該当します。

しばしばヒト（人）、モノ（物）、カネ（金）が事業に必要な3要素としてあげられますが、これを利害関係者との関係でみれば、経営者や従業員はヒトに、仕入先や得意先はモノに、株主や銀行はカネにかかる要素といえます。

他方、これらの利害関係者について、利害を内側から接しているか外側から接しているか

図表4－1　会社の利害関係者

経営者／従業員／株主／銀行／仕入先／得意先／国自治体／地域住民／その他／会社

74

で分類すれば、内側から利害を接しているのが経営者であり、これ以外の利害関係者は、すべて会社の外側から利害を接しているといえます。このため、経営者のことを内部利害関係者とよび、それ以外を外部利害関係者とよびます。

2 外部利害関係者の関心

会社の利害関係者は、それぞれの立場から会社に関心を寄せています。以下、主な外部利害関係者の立場ごとに、会社に対する主たる関心事項を掲げます。

まず、株主は、会社の収益性に関心を示します。株主が株式を購入する目的は、会社の所有と株主自身の利殖に大別されますが、出資対象となる会社の規模が大きくなればなるほど、その目的は利殖が中心になります。具体的には、株式の転売による利殖と会社から得られる配当金による利殖です。転売するさいの株価や受け取る配当金の多寡は、会社の業績である利益に連動して決まるため、株主は会社の収益性に最大の関心を寄せます。

銀行などの金融機関は、会社の安定性に関心を示します。会社に融資を行う銀行は、元本と利息の回収が可能かどうかに注意を払います。これらが可能であるためには、会社が安定している必要があるためです。

従業員は、会社の収益性と安定性に関心を示します。賞与などは会社の利益に連動して受け取ることが多く、また、従業員が将来にもわたり安定的な収入を手にするためには、帰属

する会社の安定性が前提とされるためです。

仕入先や得意先も、相手がどれくらい儲けているかを判断材料とし、また、長期的な取引先となり得るかどうかは、会社の安定性により決まるためです。

国や自治体は、会社の収益性に関心を示します。国が徴税する法人税や自治体が徴税する事業税・市町村民税などは、基本的に儲けに対して課されるためです。

3 内部利害関係者の関心

会社の外部利害関係者は、会社の収益性や安定性に関心を示すことがわかりました。したがって、会社の内部利害関係者たる経営者は、これらの関心に応えることが要求されます。これは、外的要求といえるでしょう。これに対し、経営者自身は、どのような事項に関心をもっているのでしょうか。つまり、経営者の内的要求は何かということです。

株式会社にあっては、会社の経営者は株主総会という場において、株主によって選任されます。株主は、自己の利益の極大化を望みますから、経営を委託する経営者にも会社利益の極大化を要求します。したがって、経営者の立場からすれば、会社運営による利益の最大化が経営の目標となるわけです。ただし、会社の規模が小さい場合には、会社の株主が同時に会社の経営者であるケースも多くみられます。このような会社にあっては、利益の最大化に

もまして、会社の安定性が優先事項となるでしょう。

このように、会社の内部利害関係者たる経営者においても、外部利害関係者と同じく会社の収益性と安定性に関心を示すことがわかります。

4 会社のお金のマネジメントの特徴

次に、会社の収益性と安定性は、何によって知ることができるのか、考えてみましょう。

自分のお金や他人のお金のマネジメントにおいては、それを利用する人が本人もしくは一定の集団に限定されており、その目的も限られていました。したがって、そのマネジメントのために用意する記録簿（帳簿）の種類や形式は、特定の種類・書式に限定されません。

これに対し、会社のお金のマネジメントにおいては、それを利用する人もその目的も多岐にわたることがわかりました。そのため、会社の状況について、利害関係者が要求する最大公約数的情報として集約する必要があります。また、株主や銀行などの外部利害関係者は、その資金提供先を決定するにさいし、複数の会社を比較することになります。そのため、開示する情報も一定の書式に則った比較可能なものであることが重要となります。

他人のお金のマネジメントと会社のお金のマネジメントの大きな違いとして、計算対象がお金そのものか、お金の変形物も含むかという点もあげられます。たとえば、自分のお金のマネジメントの場合、おこづかい帳にせよ家計簿にせよ、計算の対象はお金そのものである

77 第4章 会社のお金のマネジメント

ことが基本ですし、他人のお金のマネジメントの場合でも、特定の団体の収支予算書や収支報告書、金銭出納帳のように計算の対象はお金が中心でした。

これに対し、会社のお金のマネジメントにおいては、お金以外のものが多く対象とされます。経済学の説明においてもしばしば用いられる［G（調達資本）→W（投下資本）→G'］という資本循環においても、最初の「G（調達資本）」はお金そのものを表しますが、その後の「W（投下資本）」は商品、労働力、設備投資などさまざまな形態に置き換えられ、最後の「G'」は売掛金や受取手形など、やはりお金そのものとは異なる形態に置き換えられます。

そのうえで、これらをすべて記録の対象とし、最終的には各種利害関係者に報告することになるのです。

Ⅱ 会社のお金のマネジメントと簿記の役立ち

会社においては、利害関係者に対し、会社の収益性と安定性を知らしめることが重要であることがわかりました。これらを報告するために、決算書が作成されることになります。その決算書を作成するためには、会計帳簿を用います。この会計帳簿に記載するさいの一定のルールこそが、複式簿記なのです。そこで、以下に、複式簿記を用いたお金のマネジメントについて、会社の設立から順を追ってみていくことにしましょう。第1章Ⅱ節で示した複式簿記の手順と照らし合わせながら、読み進めてください。

①	（借方）	現 金	750万円	（貸方）	借 入 金	250万円
					資 本 金	500万円
②	（借方）	備 品	100万円	（貸方）	現 金	100万円

③

開業 貸借対照表

現 金	650万円	借 入 金	250万円
備 品	100万円	資 本 金	500万円

1 会社の設立

Aさんは、株式会社形態によるコーヒーショップをはじめることにしました。会社の設立にさいし、株式を発行し、Aさんと仲間4名から各100万円ずつの出資を受けることにしました。これで500万円の資金調達ができました。このほかに250万円を銀行から借り入れました。これを複式簿記により仕訳すれば、①のとおりとなります。

一方、調達した資金のうち100万円を、店のテーブルやイス等の備品の購入にあてました。これを仕訳すれば、②のとおりとなります。

以上をもって、開業しました。開業時における資金の調達源泉と資金の運用形態を一覧表にした貸借対照表を作成すれば、③のとおりとなります。

2 会社の経営計画

やっと開業にこぎ着けたAさんでしたが、会社の目標である利益を得るために、利益計算の要素となる収益と費用

の計画を立てることにしました。

まず費用面です。人件費はAさん自身と雇用した2人の合計で月40万円、コーヒー豆等の原材料費が月30万円、店舗の家賃が月25万円、その他の経費が月5万円、合計で月100万円と見込みました。

次に収益面です。具体的には、コーヒーを1杯いくらにして何杯売り上げればよいのかという計画です。会社の目標である利益をあげるためにはどうすればよいのでしょうか。このときに使われる技法に、損益分岐点分析（CVP [Cost-Volume-Profit] 分析）があります。先行投資にかかった金額を回収できる地点を損益分岐点といい、これを算定するのです。よく、「これで採算がとれた」とか、「もとがとれた」という言い方をしますが、その考え方こそが損益分岐点分析といえます。

開店時に必要な費用の見積計算をしたところ、月100万円が見込まれましたが、これに銀行からの借入金の返済が月1万円予定されています。これをもとに、1日何杯売れればよいのか、つまり1日の来客者数の目標を計算してみましょう。

店舗は学生街に立地し、週に1回の定休日で朝10時から夜8時まで、1日10時間の営業時間ですから、月250時間の営業時間となります。かりに、1時間10名、1日100人、1月2,500人が来店するとしましょう。収益と費用を均衡させるには、101万円÷2,500人となり、コーヒー1杯を404円とすればよいことになります。つまり、損益分岐点分析

80

におけるコーヒー単価は404円ということになります。したがって、会社の儲けを見込むためには、404円よりも高い単価を設定しなければなりません。そこで、かりにコーヒー1杯を500円としてみましょう。収益は、500円×2,500人で125万円となります。これに対し、費用は101万円でしたから、差し引き利益は月24万円が見込まれます。

3 会社の経営実践

営業活動に取り組むさいに重要なことは、会社の経営がうまくいっているかどうかを常時確認することです。これは、しばしばPDCAサイクルの実践とよばれます。すなわち、Plan（計画）→ Do（実行）→ Check（評価）→ Act（改善）を繰り返していくのです。このとき、計画の達成状況を数値化するさいに、簿記が用いられます。換言すれば、簿記が経営を支えているともいえるのです。

コーヒーショップであれば、1日にどのくらい客が回転していくかということも売上に大きく影響を及ぼします。その回転数を上げるためには、店の近くで催されるイベント情報や天気予報を注意深く観察したり、自ら広告宣伝に力を入れるなどの努力が必要になります。

そのさい、簿記のルールにしたがい経営活動を数値化することによって、会社の過去・現在・未来の経営の分析をすることができるのです。

III 会社のお金のマネジメントと決算書の作成

自分のお金や他人のお金のマネジメントと会社のお金のマネジメントとの大きな違いの1つに、一定の書式にしたがった決算書の作成があげられます。会社の場合、多くの利害関係者が存在し、彼らが必要とする情報を適切に開示することが義務づけられています。これを決算とよび、開示される書類を決算書とよびます。決算書を株主に承認してもらうことによって、経営を委託された経営者の責任は解除されます。

1 会社の期中取引

Aさんはコーヒーショップを開業し、無事初年度を終えました。開業初年度の取引結果は、次のとおりでした。

売上1,500万円、原材料費360万円、人件費480万円、家賃300万円、その他の経費60万円、借入金返済12万円。

これを仕訳で示せば、上記のとおりになります。

(借方) 現　　　　金	1,500万円	(貸方) 売　　　　上	1,500万円
(借方) 原 材 料 費	360万円	(貸方) 現　　　　金	360万円
(借方) 人 件 費	480万円	(貸方) 現　　　　金	480万円
(借方) 家　　　　賃	300万円	(貸方) 現　　　　金	300万円
(借方) その他の経費	60万円	(貸方) 現　　　　金	60万円
(借方) 借 入 金	12万円	(貸方) 現　　　　金	12万円

（借方）減価償却費　20万円　　（貸方）備　　　品　20万円

2　会社の決算

　会社においては、複式簿記の記録により期中取引を記録しますが、それだけを集計しても適正な決算書は作成できません。

　たとえば、開業時に店のテーブルやイス等の備品の購入に100万円を支出しましたが、これらは資産ではあるものの、その価値は設備当初当時に比べ徐々に減少し、いずれは使用できなくなることが予想されます。そこで、簿記上はこのような資産価値の減少分（これを**減価償却費**といいます）を、決算でまとめて計上することになります。このように期中の取引とは異なる、決算固有の追加的会計処理を決算整理とよびます。

　備品の使用可能期間を5年と見積もれば、減価償却費は20万円となり、これを仕訳で示せば、上記のとおりになります。

　以上で、開業初年度のすべての簿記処理が完了しました。そこで、最後に決算書を作成することになります。決算書は計算書類、財務諸表ともいい、会社法や金融商品取引法などにおいてその種類が定められていますが、ここでは基本となる2つの決算書、つまり損益計算書と貸借対照表を考えてみましょう。

　開業初年度における仕訳の結果を、決算書の種類とその構成要素に分けて集計すれば、①のとおりになります。

① 損益計算書　［収　益］売上高 1,500万円
　　　　　　　［費　用］材料費 360万円，人件費 480万円，
　　　　　　　　　　　　家賃 300万円，減価償却費 20万円，
　　　　　　　　　　　　その他の経費 60万円
　貸借対照表　［資　産］現金 938万円，備品 80万円
　　　　　　　［負　債］借入金 238万円
　　　　　　　［純資産］資本金 500万円

②

これを決算書として示せば、②のとおりになります。

貸借対照表

現　　金	938万円	借　入　金	238万円
備　　品	80万円	資　本　金	500万円
		当期純利益	280万円
	1,018万円		1,018万円

損益計算書

材　料　費	360万円	売　上　高	1,500万円
人　件　費	480万円		
家　　賃	300万円		
減価償却費	20万円		
その他の経費	60万円		
当期純利益	280万円		
	1,500万円		1,500万円

3 経営分析

会社の外部利害関係者は、会社の収益性や安定性に関心を示すことを指摘しましたが、それらは決算書の数値を利用することにより具体化されます。このような手続きを、経営分析（財務諸表分析）といいます。

内部利害関係者たる経営者は、将来の経営に役立てるために経営分析を行い、外部利害関係者たる株主や銀行などは、投資意思決定や与信決定のために経営分析を行います。経営分析は損益計算書や貸借対照表などにおける数値を組み合わせて行いますが、それらの数値は同業他社などとの比較により、より有効となります。以下で、代表的な経営分析指標を掲げます。

（1）安全性分析

会社の安定における大前提は、その会社がつぶれないことです。このような見地から行う経営分析を、安全性分析といいます。安全性分析は、主として貸借対照表を用いて行い、負債および純資産（資金調達源泉）と資産（資金運用形態）とを対比させて分析します。ここでは代表的な指標として、純資産比率（自己資本比率）を紹介します。

純資産比率は、資産に対する純資産の割合を示す指標です。A社の場合、次のとおりとなります。この値が高いほど、その会社の安全性が高いといえます。

純資産（780万円）÷ 資産（1,018万円）× 100 ≒ 77%

資産の金額は調達資金の増額と一致しますから、会社が借金に頼らずにどれほど資金を調達しているかを示す比率といえます。会社の倒産時にしばしばみられるのは、この指標がマイナスとなる**債務超過**の状態です。

（2）収益性分析

会社が安定していても、収益獲得能力が乏しければ、株主などにとって魅力的な投資先とは考えられません。このような見地から行う経営分析を、収益性分析といいます。収益性分析は、主として損益計算書を用いて行い、売上高（利益獲得源泉）と利益とを対比させて分析します。ここでは代表的な指標として、売上高純利益率を紹介します。

売上高純利益率は、売上高に対して企業の最終利益である当期純利益がどの程度残るかを示す指標です。A社の場合、次のとおりとなります。この値が高いほど、その会社の収益性が高いといえます。

当期純利益（280万円）÷ 売上高（1,500万円）× 100 ≒ 19%

会社の利益は収益と費用の差額からなりますから、売上高純利益率を向上させるためには、

売上高などの収益を増大させるか経費などの費用を節減することが重要となります。

(3) 成長性分析

会社の外部利害関係者は、会社の収益性や安定性に関心を示しますが、これらを一定レベルで満たしていたとしても、それは現時点における収益性や安定性に過ぎません。逆にいえば、会社がどれだけ、収益力が高く、安全性が高くても、成長性のない会社は魅力に欠けるものです。このような見地から行う経営分析を、成長性分析といいます。

成長性分析では、会社のさまざまな決算数値を時系列で比較して算定します。売上高成長率、純利益増加率、総資産増加率などがあげられます。たとえば、売上高成長率は、次のように算定されます。この値が高いほど、その会社の成長性が高いといえます。

(当期売上高 − 前期売上高) ÷ 当期売上高 × 100

ただし、前期と当期を比較するだけでは、その成長が本物かどうか判断できない場合もあります。前期の業績が極端に悪かった場合、当期の業績が低調であっても数値上は大きく成長したようにみえてしまいますし、反対に、前期が好調だった場合には、当期は堅実な成長であってもマイナス成長にみえてしまいます。したがって、成長性分析を行うにさいしては、長期間のデータを比較する必要があります。

Ⅳ 会社のお金のマネジメントと複式簿記

本章では、会社のお金のマネジメントを考えてみました。そこで明確となったことは、個人や他人のお金のマネジメントとは異なり、会社のお金のマネジメントは複式簿記そのものが絶対的に要求されるという事実です。しかも、それは日々の財産管理に役立つのみならず、決算における法定書類の作成にも役立つのです。

本書のプロローグにおいて、「簿記を知ることによる成功体験」としても紹介されているとおり、会社経営者にあっては、複式簿記を身につけることは必須となります。それは会社の規模の大小を問いません。また、自身が外部利害関係者になった場合、たとえば株主になった場合であっても、複式簿記を身につけることで、経営分析をたんなるうわべの数値上のものとしてではなく、その数値の基礎から理解することができるようになるはずです。

いずれにせよ、会社のお金のマネジメントにおいて、複式簿記は切っても切れない間柄であることを十分に理解していただきたいものです。

第5章 国民皆簿記への提言

日本でこれまで行われてきた簿記教育のほとんどは、過去と現在の経済活動を帳簿に記入して、その過去情報をまとめ上げる作業を行うためのものでした。

このなかで唯一例外といえるのが、経営者に過去情報だけでなく未来情報や部分情報を提供し、経営管理の意思決定などに役立てることを目的にしている**管理会計**という分野の内容です。この分野では、求められる未来情報を提供するために常に未来に視点をおき、役立ちを探求し、経営者に役立てる方法を提示し、直接、経営に役立てることを主目的にしているのです。

ここには、簿記の知恵が経営者のために役立つという簿記の役立ちとそれを活用する者が直接結びつく関係があります。しかもその役立ちは、これまでの経済活動に問題はないか、より効果的な活動はないかなど、未来の望ましい活動や方向を示す働きをしています。

これから提言する「国民皆簿記」は、国民すべてに、簿記のすべての領域で未来のために役に立つ多くの知恵を直接結びつけようという、つまり、簿記の知恵を国民みんなが直接役

立てられる関係と環境を構築しようという提案です。

I 簿記の広がり

1 複式簿記の普遍性

複式簿記は今日、世界各国で使われ、営利企業に限らず、官公庁や病院あるいは学校など規模の大きな経済組織では欠かせないものになっており、複式簿記の普遍性を疑う余地はなさそうです。そこで複式簿記がどのように優れた知恵で普遍的なしくみをもつものなのかを確認することにします。

財産が増減変化することがらを簿記では取引といい、すべての取引に該当する経済活動を必ず二面的に把握するしくみをもつのが複式簿記です。1つの経済的事実を二面的にとらえ、借方と貸方に分けて表現し、記録に結びつけていきます。このしくみによって貸借一致の原則がはたらき、不一致があれば記録が間違っていることを示す自動検証機能が働きます。

つまり、すべての取引がつねに複式簿記の基本原理によって借方と貸方に記録されるため、全部の記録を借方・貸方ごとに合計したときに必ず一致し、営利企業の記録であれば資産、負債、純資産、収益、費用の5つの要素のどれかに必ず記録されています。このうち資産、負債、純資産を集計すると、財産や借金がどれだけあって差し引いて残る純財産がいくらあ

90

るかという財政状態を表し、収益と費用を集計すると、損得の内訳とともに経営成績が示されるようになっています。

営利企業以外の公会計や学校会計、公益法人会計などには儲けを意味する収益はありませんが、経費などを支払うための収入源はあります。この収入源を単純に収益に代えることはできませんが、経済活動を二面的に把握して記録するという複式簿記のしくみはこのように収益のない経済組織にも応用できるのです。これが複式簿記の素晴らしさの真髄だろうと思います。

2 簿記の普及と課題

今日のコンピュータ関連のめざましい発達によって、昔、手作業で行っていた記録や決算書の作成は、今ではコンピュータで簡単に行えるようになりました。

このこともあって、複式簿記は企業以外の多くの経済組織に導入されています。たとえば、地方公共団体には公会計制度によって複式簿記による処理が義務づけられ、学校法人会計基準で、病院は病院会計準則で複式簿記が導入されています。

ところが、個人経営などの小規模なサービス業、商業、製造業、農業、漁業、林業などでは、導入がそれほど進んでいないようです。個人や小規模企業の経営者は、「簿記がわかれば使いたいのだが、わからないから……」とあきらめている方も少なくないようです。

91　第5章　国民皆簿記への提言

その原因の1つは、これまでの日本の簿記教育制度にあります。現在、公教育制度のなかでの簿記教育は高等学校の一部で行われていますが、商業科のある専門高校などわずかな高校にすぎません。このため、ほとんどの高校卒業者は簿記をまったく知らずに社会人になっているのです。

したがって、ほとんどの国民は、日々の個人や家庭あるいは職業上の経済活動を行うなかで、簿記がどのように役立つかを知らず、知らないことで不利益をこうむっていることにも気づかず、役立つ簿記の知恵に出会うこともなく経済活動を続けているのです。この現状を解決できなければ、簿記教育の未来も経済大国日本の先行きも危ぶまれます。

3 簿記の知恵が必要なとき

簿記を学んだことのない人が、たとえば、飲食店を開業する、美容室を開店する、自動車修理業をはじめるというとき、簿記の知識があればと思うに違いありません。

取引に関わるすべての証憑類を保管して複式簿記で記録しておけば、決算書の作成も容易で、納税申告も大いに楽になり、青色申告特別控除が受けられる利点もあるのです。しかし、簿記を知らなければ証憑類を保管する大切さにも気づかず、記録をとることもあきらめるかもしれません。納税対策よりもっと大切な、事業がうまくいっているかどうかを把握することもできず、日々の小さな意思決定をするときにも簿記の記録のなかから必要な情報を得る

こともできません。

手書きで帳簿に記入した昔と違い、今では入力処理ができればパソコンで決算書の作成まで簡単にできるようになっています。しかし、簿記をまったく知らない人には入力処理をするという最初の一歩がどうしても踏み出せないのでしょう。このような人々がたくさんいるというのも今の日本の現実です。

また、事業をはじめるにあたって、だれでも開業資金は用意しますが、開業後の運転資金までは考えず、準備しないかもしれません。簿記の知恵に出会っている人ならばこのような無謀なことはしないはずです。事業が軌道に乗るのにおおよそ1年程度はかかるでしょうから、その前に資金繰りがつかなくなって廃業・閉店に追い込まれることのないように資金計画を立て、準備をして開業するはずです。

簿記の知恵では、店舗代、従業員の給与、光熱費、通信費など営業していれば必ず必要となる一定額の費用を固定費といい、事前に算出しておくべきことを教えているのです。そして開業資金と月々の固定費の備えをして開業し、創業期の困難を乗り切るのです。

とても繁盛していた商店の店主が、売れ残りが出ることを嫌って少なめに仕入れるようにしたところ、品切れが目立って客の足が遠のき、営業不振に陥り、やがて閉店したという不幸な話もあります。

売れ残りを出さないで防げる損失の価値と、いつでも品物があるという顧客の信頼を維持

93　第5章　国民皆簿記への提言

しながら品物があることで売って得られる利益の価値のどちらが大きいか、簿記の知恵は、利益を得られる機会を逃さないことのほうが価値が大きいことを教えています。この知恵を活用できれば、顧客の信頼も失わずに繁盛を続けられたはずです。

経営者が意思決定をするとき、簿記の知恵に出会っていないために意思決定に必要な情報が何であるかがわからなければ、経験と「勘」を頼りに決断することになるでしょう。しかし、意思決定の内容に応じて必要となる資料があることを知っていれば、専門の担当者に資料の作成を指示できるはずです。資料が適切に作成されれば、そのなかに決定すべき案が示されているのです。

このように、意思決定をする必要がある場合に、経営者にとって必要なことは記帳技術や決算書作成の知識を生かすことではなく、意思決定に必要な未来情報を適切に求め、資料のなかからもっとも有利な案を選択することなのです。

同じように、簿記の知恵と出会っていない学者や医師など優秀な人々が、学校や病院あるいは財団法人などの経営にたずさわった場合、財務実態を把握できなければ合理的な経営を行うことができません。たとえば一度でも、回収の見込みのない莫大な設備投資を行う意思決定をしてしまえば、その組織は再起不能に陥ることにもなるのです。

このような事例の根本的な責任あるいは課題は、簿記教育にあると考えています。多くの経営者が簿記の知恵に出会う機会が日本の教育制度にはないからです。

芸術家や作家や学者など仕事柄、簿記と無縁に思える職業人でも教養程度の簿記の基礎知識をもっていれば、新聞沙汰になるような失敗をしないですむはずです。やはり簿記の知恵を国民すべてに届けていないことが問題なのです。ともあれ、このような不幸な事例をあげたらきりがないことはおわかりいただけたことでしょう。これら数々の不幸を回避するために必要なのは、簿記の記帳技術教育ではなく、その場その時に役に立つ簿記の知恵であり、これを国民すべてに広めなければならないのです。

これまで、「簿記を学んだ」「簿記の知恵」など簿記という表現を何度も使ってきました。専門の簿記の世界では、簿記は、経済活動を記録・計算・整理し、決算書をつくる手続きという意味で使い、商業簿記や工業簿記などを表しています。

一方、国民全般を対象とする教育や検定試験などで使われている「簿記」は、複式簿記や商業簿記はもちろんのこと、簿記会計に関連する分野全般を表す意味で使っているようです。この章の主題である国民皆簿記の「簿記」もこの意味で使っています。

Ⅱ 簿記の知恵のありか

簿記の多くの役立ちがこれまで国民の手元にほとんど届かなかった理由は、簿記教育を受けない人が圧倒的に多いという理由以外に、さらに2つあります。

1つは、多くの役立ちは専門の簿記の多くの分野に点在していることです。このため、簿

95　第5章　国民皆簿記への提言

記の一部の教育を受けた人でも、わずかな簿記の知恵を知っているに過ぎません。

もう1つは、専門の簿記教育の目標は専門家を育てることにあり、記帳や作成技術重視の教育が行われます。そこには、簿記の役立つ知恵を広めようという目標は存在しにくいのです。このような状況にある以上、このままでは、不幸な経済活動を減らす簿記の多くの素晴らしい役立ちは、今後も国民の手元には届かないでしょう。

そこで、本章の「国民皆簿記への提言」では、国民みんなが必要に応じて必要なときに必要なことを役立てられるようにしたい、しなければならないと考えているのです。

国民みんなが簿記を役立てるためには、専門の簿記との関わり方とはまったく違う簿記との関わり方をしなければなりません。簿記教育の目標として、簿記の役立ちや役立て方を国民みんなに広めることを新たに掲げ、その実現に努めなければなりません。

そこで次に、簿記の知恵、簿記の役立ちがどこにあるのかをみていくことにします。

1　専門の簿記教育と簿記関連分野の構成

ここからしばらく、多くの役立ちがそれぞれ専門のどの分野にあるのかを確認するために、専門の簿記関連分野についてみていきます。各分野が互いにどのように関連しているか、そして専門の簿記教育は各分野をどのように扱って学び進めるしくみになっているかをみていきます。もし、難しく感じられるときは、細かなところにこだわらず、簿記についての大ま

かなイメージをつかむつもりで読み進めてください。

専門の簿記教育では、営利企業を対象として、企業での職務内容に応じた領域と同じような分野が設けられ、それぞれに学ぶ手順やステップが設けられています。

簿記の各分野を大まかに紹介しますと、企業が行う経済活動を複式簿記によって記録・計算・整理し、決算書を作成する分野を「商業簿記」、会計制度に基づき企業の利害関係者に決算書などによって企業の経済活動を報告する分野を「財務会計」といいます。

工業企業における製造活動や製品原価の情報や原価管理などに関する情報を必要に応じて提供することを目的とする分野を「原価計算」、この経済情報を受けながら製造に関する活動を複式簿記によって記録・計算・整理し、決算書に必要な情報を提供する分野を「工業簿記」といいます。

また、企業内部の経営者の経営管理のために、過去情報と未来情報や部分情報を提供し、意思決定や計画・実行・統制に役立つ情報などを扱う分野を「管理会計」といいます。

この各分野の構成と役割および相互の関係をイメージしていただくために、正確なものではありませんが、あえて図表にしてみました。イラスト感覚でみていただくのがふさわしい程度のものです。なお、図表中、点線は相互に関連しているので上にある共通の領域があることを表し、また、上下の意味は、下の分野が基礎になっていることを表しています。

野から学び進まなければならないことを表しています。

図表５－１　専門の簿記関連分野の構成と相互関係

「財務会計」 主として会計記録による過去情報から会計法規に基づいて企業の決算書を作成し、企業の全体情報を企業の利害関係者に報告することを扱う分野 主な会計機能：利益の配分，利害関係者間の利害調整 測定尺度：貨幣的測定	「管理会計」 企業内部の経営管理者の経営管理のために、過去情報と未来情報や部分情報を提供し、意思決定や計画に役立つ情報を扱う分野 なお，財務諸表分析もこの分野に含めます 主な会計機能：利益獲得，経営管理用具 測定尺度：貨幣的測定と物量的測定	
「商業簿記」 営利企業が行う経済活動を帳簿に記録し，決算書を作成する分野 学び方：記帳の反復練習で体得する方法	「工業簿記」 製造業の活動を帳簿に記録するための分野	「原価計算」 工企業における製造活動に関わる計算や製造活動に関する経済情報を提供するための分野
「複式簿記」 簿記関連分野のすべての基礎となるもので，複式簿記の基本原理によって経済活動を帳簿に記録するしくみ		

　専門の簿記教育では、通常、商業簿記の学習から始め、この学習の最初に、複式簿記の基本原理やしくみを学ぶのが一般的です。商業簿記からは財務会計に進むことも工業簿記や原価計算に進むこともできます。ただし、工業簿記は原価計算から経済情報を受ける関係にあるため原価計算の一部を一緒に学ぶ必要があります。原価計算は、単独で学ぶことができる内容を多く含んでいます。管理会計は、工業簿記の知識なしでも学ぶことができる項目がありますが、原価計算の多くの領域と財務会計の多少の理解がないと学び進めることができません。このように、専門の簿記関連分野の領域はステップがあってしかも広く、すべての分野と領

域を制覇するのは容易なことではないのです。

2 国民に役立つ知恵のありか

簿記は企業活動の進展とともに発達し、新たな技法や知恵を生み出し、各時代の企業や経済社会の要請に応えてきました。その結果、いまでは国民みんなにも役立つ多くの知恵を内包するようになっています。そしてその役立ちは、次に示すように簿記関連分野のすべてにわたって点在しています。図表5－1の区分を利用して、国民みんなに役立つ知恵のいくつかを、それがどこにあるかを図表5－2に示してみます。

図表5－2に示した役立ちはわずかな例にすぎません。このほかにもたくさんの役立ちがあります。その役立ちは個人の財産管理や家計の合理的な経営のための知恵、そして一般社会人として地域コミュニティーや所属する経済組織の財務実態の把握や管理のための知恵、さらに経済組織の経営を担う立場になったときに必須となる知恵まで、役立ちをどのように区分けするか迷うほどです。

これらの役立ちがあることを国民みんなが知って、必要な時に直接その役立ちだけを取り出して活用できるようにしたいと考えています。そこでは、段階を踏んで学び進む必要もなく、記帳練習の必要もありません。誰でも必要な時にどこででもすぐに活用できる、そのような環境を構築したいと考えています。

図表5－2　専門の簿記関連分野にある国民に役立つ知恵のありか

「財務会計」	「管理会計」
・企業の決算書の概要がわかる知恵 ・営利企業以外が公表する決算書の概要がわかる知恵 ・長期滞留や過大な棚卸資産あるいは過大な固定資産の保有などから将来性や黒字倒産を見抜く知恵 ・利益は差額概念，キャッシュは事実という知恵 ・発生主義の理解とそれを活用する知恵	・予算編成と予算統制で改善する知恵 ・各種意思決定に必要な各情報を求める知恵 ・割引現在価値計算が必要か否かの知恵 ・差額キャッシュ・フローを活用する知恵 ・財務諸表分析の各種の方法を活用する知恵 ・ライフサイクル（製品の生涯）を応用する知恵 ・最適ミックスを活用する知恵 ・活動基準原価計算を付加価値活動に応用する知恵 ・経営レバレッジ係数などの情報を役立てる知恵

「商業簿記」	「工業簿記」	「原価計算」
・見かけと中味を判断する知恵 ・残高があることの良し悪し	・複式簿記の機能の優れた応用性	・固定費と変動費の区分 ・CVP分析（損益分岐点分析）と短期の利益計画を役立てる知恵 ・各種の原価計算を活用する知恵 ・差異分析により原価管理に生かす知恵

「複式簿記」
・複式簿記の基本原理としくみを活用する知恵
・5つの要素の意味を理解する知恵
・収入と収益，支出と費用の違いを理解する知恵
・利益の意味を理解する知恵
・すべての経済組織に応用でき，活用できる知恵

III 国民に役立つ簿記の知恵

ここからは、「国民みんなに役立つ簿記の知恵」のほんの数例を取り上げて紹介します。

1 複式簿記と商業簿記の役立ち

複式簿記が経済活動の記録に欠かせない理由と素晴らしさは、先に述べたとおりです。ところで、専門の簿記教育を受けた人々の多くは、記帳訓練で原理やしくみを体得するという従前の指導をうけたために、素晴らしさを実感するまえに訓練に疲弊する人も多いようです。どんなに素晴らしいものでも指導法などに問題があると、簿記嫌いや簿記離れを増やしてしまうという残念な現実が今もあるようです。

ともあれ、簿記の素晴らしさや役立ちの多さはまったく変わりありません。ここで目指している役立つ簿記では、はじめに感動がある、そのような簿記との出会いを考えています。

ところで、今日では、IT（情報技術）と会計ソフトの進展と普及によって、人々が複式簿記のしくみの概要を理解するだけで、いつでも簡単に複式簿記を活用できる環境ができています。

そこで、重要になってくるのが複式簿記の基本原理としくみと複式簿記の機能の優れた応用性を知ることであり、これだけは国民すべてに理解していただきたいと考えています。そ

れもあくまで、概要を理解する程度で国民共通の教養にしていただければ十分なのです。

ここでは、複式簿記の役立ちと素晴らしさを理解していただくために、簡単な事例として、現金だけの記録と複式簿記による記録の違いを紹介することにして、下記の取引をもとに、記録の仕方で何が違ってくるかを確認してみましょう。

［取 引］
ア 依頼された業務を行い、手数料100を現金で受け取った。
イ 前月に掛け（売掛金）で販売した代金100を現金で受け取った。
ウ 銀行から資金の借り入れを行い、現金100を受け取った。
エ 1年間使用してきた備品について100の価値の減少を認め、減価償却を行った。

① 現金だけを記録する場合

ア、イ、ウではどれも現金を受け取っていますから、「現金が増加した」というまったく同じ記録をするだけになります。ウの場合は、借金して現金を増やしていますが、現金だけの記録をしていると、単純に現金が増えたと喜ぶ勘違いが起きるかもしれません。一方、エでは備品の価値が下がり、現金支出を伴わない減価償却費という費用・経費が発生しているのですが、現金の増減がありませんからまったく記録しないことになります。

102

〈仕　訳〉
ア（借方）現　　　金　100　　（貸方）受取手数料　100
イ（借方）現　　　金　100　　（貸方）売　掛　金　100
ウ（借方）現　　　金　100　　（貸方）借　入　金　100
エ（借方）減価償却費　100　　（貸方）備　　　品　100

この場合、固定資産台帳を備えて記録するか複式簿記による記録を行わないかぎり、記録は残らないのです。官公庁には実はこの記録がほとんど残っていないという憂慮すべき事実が明らかになり、公会計に複式簿記が導入される1つのきっかけになったのです。

② 複式簿記による記録の場合

次に、複式簿記による仕訳をみてみましょう。

アからウの取引は現金が同じように増えますが、その理由はそれぞれ違っていることがわかります。アでは、受取手数料という収益があったこと、イでは、貸していた売掛金という債権が減少したこと、ウでは、借入金という負債が増加したことがわかり、それぞれ記録に残ります。

このように、複式簿記を使うと、同じ現金が増加したという事実のほかにその理由や原因が同時にわかり、1つの取引が結果や理由や原因などに分解されて借方と貸方に同じ金額で同時に記録されるのです。この記録があれば、返済を受けた売掛金を間違って再請求することもなく、借入金は残高の記録がなくなるまで返済義務があることが

103　第5章　国民皆簿記への提言

わかります。

エの場合は、使用や時の経過や陳腐化によって生じる資産価値の減少を数値化して費用として計上して記録すれば、納税額の計算にも反映できます。これによって、納税にさいして知らないために損をすることもなくなり、さらに、将来の備品の買い換えに備えられれば、一層健全な財政状態を維持できることになるでしょう。

2 利益と純資産からわかる見かけとなかみ

利益は会計期末の資産から負債を引いて求める期末の純資産から、会計期首の資産から負債を引いて求めた期首の純資産を差し引いて求めます。この求め方のほかに、売上高などの収益から売上原価や給料などの費用を差し引いた残額として求めます。残額がプラスなら利益で、マイナスなら損失となります。このように、利益や損失そして純資産はともに差し引いて求めるもので、差額概念であり、計算上の産物にほかなりません。

したがって、利益や純資産がどこにあるかは誰にもわからないもので、簿記会計による計算上、これだけの利益があり、純資産があるというものなのです。

純資産も利益も差し引き計算で求めるものですから、利益や純資産が現金などのかたちで金庫などにあると考えるのは、簿記の知恵に出会っていない人の勘違いなのです。

広い敷地に大きな住宅を建てて住む人、広大な敷地に巨大な工場を稼働させている企業、

104

都市の一等地に高層ビルをかまえるいろいろな経済団体、いずれも大きな純資産があると見受けられますが、もし仮にすべて借金による場合、純資産はまったくないことになります。本当のなかみの財産を表す純資産がどれだけあるのかは外見からはまったくわからないのです。信頼できる決算書があり、そのなかの純資産の有り高ではじめてなかみとしての価値がわかるのです。見かけだけに惑わされないことも、簿記の知恵は教えてくれます。

3 粉飾決算や黒字倒産を見抜く知恵

利益は計算によって求めることを確認しましたが、この利益の計算過程に経営者の利益を多くみせたい、あるいは少なくみせたいという意図が絶対に入らないとはいえません。何らかの意図が入って利益の計算結果をゆがめて決算書が作成された場合、粉飾あるいは逆粉飾決算といいます。

このような意図を見抜くことは容易ではありませんが、利益を多くみせたいという意図を見抜くもっとも基本的な方法として、売上代金の未回収額である売掛金などの残高や売れ残り商品の有り高を示す**棚卸資産**の残高などを過去との比較で、異常に増加していないかをみる方法があります。これは回収が難しい売掛金や売り物にならない商品を大量に抱えている場合、本来はともに費用として処理すべきなのですが、意図的に価値のある資産として計上する方法で利益を大きく算出する方法があるからです。

ところで、信頼できる多額の利益を計上している企業が突然、資金繰りがつかないために倒産することがあります。これを黒字倒産といいますが、利益がいくら多くとも企業には現金預金などの資金が不足すると支払い不能を起こして倒産することもあるのです。

これはたとえば、商品の仕入れは現金払いにして、売上代金は売掛金や手形にしている場合、支払いはすぐに、回収は長い期間をかけてということになり、資金不足が生じるのです。あるいは、売れる見込みの商品でも、あまりに大量に仕入れて在庫として抱えている場合、多額の仕入れ代金である現金を在庫品に替えて長期間滞留させていることになり、これも資金不足の原因になります。企業の場合は、決算書から現金預金などの期末残高を期首と比較して極端に減少していないかなどで確認することができます。

現金預金は経済組織において人のからだの血液のようなもので、常に過不足なく循環させなければなりません。資金にゆとりをもたせる方法なども簿記の知恵は教えてくれます。

この資金不足は家計にも当てはまることで、収入と支出のバランスを考えないローンの設定や、必要もないまとめ買いや衝動買いを繰り返している場合には、大変な事態を招くことになります。

ここまでにあげた簿記の知恵について、第Ⅰ節の「3　簿記の知恵が必要なとき」の事例では複式簿記と商業簿記、原価計算、財務会計、管理会計のそれぞれの知恵が役立ち、第Ⅲ節では複式簿記、財務会計、管理会計の知恵が役立ちます。このように、すべての分野にい

106

ろいろと国民1人ひとりに直接役に立つ知恵があるのです。

Ⅳ　役立ちを国民の手元に届けるために

役立ちを必要とするすべての人に、必要とする役立ちを届けるために、第一に行わなければならないことは、役立つ知恵を簿記関連分野のすべての分野から分野の垣根を取り払って1つひとつ取り上げ、役立てやすい工夫を加えて皆さんに公開することです。

第二に行うことは、役立ちを活用する方法を誰にでもわかりやすく紹介することです。役立てる方法はできる限り簡単にして、難しい学習や訓練が必要ないようにすることです。

そして、すべての国民の手元にくまなく届けるための方法として、義務教育化している高校すべてで「（仮称）教養簿記会計」として新たな普通教科を設け、教養簿記教育を行うことです。この方法がもっとも確実に国民にくまなく簿記の役立ちを広められる方法だと考えています。「簿記の広い役立て」を願う同志といつか必ず実現したいと願っています。

専門高校で行われている専門の簿記教育は、急速に変化する時代と国際化した経済社会の要請に対応できるように、より専門性の高い簿記教育を行い、教養簿記教育は日本のすべての人に簿記の役立ちと役立て方を知ってもらう機会にして、簿記の知恵の普及と役立ての実現を図るのです。

これが実現するとき、国民みんなが素晴らしい簿記の役立ちを知って存分に活用するよう

107　第5章　国民皆簿記への提言

になり、これまでのような無用な失敗などがなくなり、いつもよりよい未来のあり方を求め、そのために人々がより効果的で価値の高い経済活動を行うようになるでしょう。そして、生来の勤勉な日本人は、世界に類をみない優れた簿記のセンスをもって効率的な経済活動を行い、新たな経済的充足とともに精神的充足までも獲得し、真にバランスのとれた豊かな日本を創っていくにちがいないと考え、その時が来ることを熱望しています。

簿記の役立ちを、だれでも、いつでも、どこでも自由自在に活用して役立てる、そして簿記の知恵が普通に日本の人々のかたわらにある、そんな時代を招きたいのです。

第2部 簿記教育のむかし

第1章 簿記教育の淵源

　第2部は、簿記教育における歴史的変遷を確認していきます。第1章は学制が頒布された1872（明治5）年を始点とした明治期の簿記教育を、続いて第2章は大正期の簿記教育および中学校の簿記教育について考えていき、第3章は昭和初期の簿記教育として戦前における高等小学校および中学校の簿記教育について考えていき、第4章は第二次大戦後の1947（昭和22）年に施行された学校教育法に基づく中等学校、すなわち新制中学における簿記教育について述べていきます。

　まずは簿記教育のはじまりとして、学制が頒布された1872（明治5）年を始点とした明治期の簿記教育をみていきたいと思います。わが国で最初に学校制度を定めた教育法令である「学制」は上記のように1872（明治5）年に頒布されました。明治期の教育法令等

109

をみれば、現代とは異なり「小学校」から「記簿（簿記）」を学ぶ機会を与えられていたことがわかります。

なお「記簿」という用語は、1872（明治5）年の「学制」で使用されました。文部省から1875（明治8）年に刊行された『馬耳蘇氏記簿法』がその典型です。また「簿記」という用語は、大蔵省から1873（明治6）年に刊行された『銀行簿記精法』ではじめて使用されました。当初はこのように「記簿」「簿記」の用語は同時に使用されていましたが、次第に「簿記」という用語が各方面に広がっていったようです（西川［1953］111頁、久野［1992］181頁）。

本書は「教養としての簿記」を取り扱っています。「教養」とは、大辞林によれば「社会活動を営む上で必要な文化に関する広い知識」と示してあります。初歩的・基本的な普通教育である初等教育、また次段階である中等教育などを、当該知識を学ぶ場の1つとすることができます。このことから、明治期の「小学校」や「中学校」は、「社会活動を営む上で必要な文化に関する広い知識」を学ぶ一環として「記簿（簿記）」を取り入れたことになり、当時の簿記教育の基本的な姿勢は、国民が備えるべき「教養」の1つであったとも考えられます。

本章では、このような観点から記簿（簿記）をとらえ、学制が頒布された1872（明治5）年を始点とし、明治時代の簿記教育の状況について述べていきます。

110

I 明治期における簿記教育

1 明治初期の簿記書

わが国に複式簿記の技術等が紹介されたのは、明治時代初期です。Bryant & Stratton's Common School Book-keepingが福沢諭吉によって翻訳された『帳合之法』は、1873（明治6）年に紹介され、Shandによって原述されたものを翻訳紹介した『銀行簿記精法』も同年に紹介されています（工藤・島本［2007］216頁）。

図表1-1は、1905（明治38）年11月の三田祭に、一部の学生が福沢の『帳合之法』を中心とした資料を陳列し、そのときに出品された明治初期簿記書の系統図です（西川［1974］245頁）。

西川孝治郎によれば、この『帳合之法』は売れましたが、実地に用いられ帳面を改革したのは少数であるということを、福沢自身が述べていると説明し、また、『銀行簿記精法』は大蔵省が指導し国立銀行に使用させ実用に直結したものの、そのほかの一般簿記書は容易に実用化されなかったと述べています。しかし簿記書の出版は多く、その理由は簿記を教える学校が多かったためとされています。西川は、これを「明治初期の簿記ブーム」として「一つの流行」と位置づけています（西川［1974］379頁）。

111　第1章　簿記教育の淵源

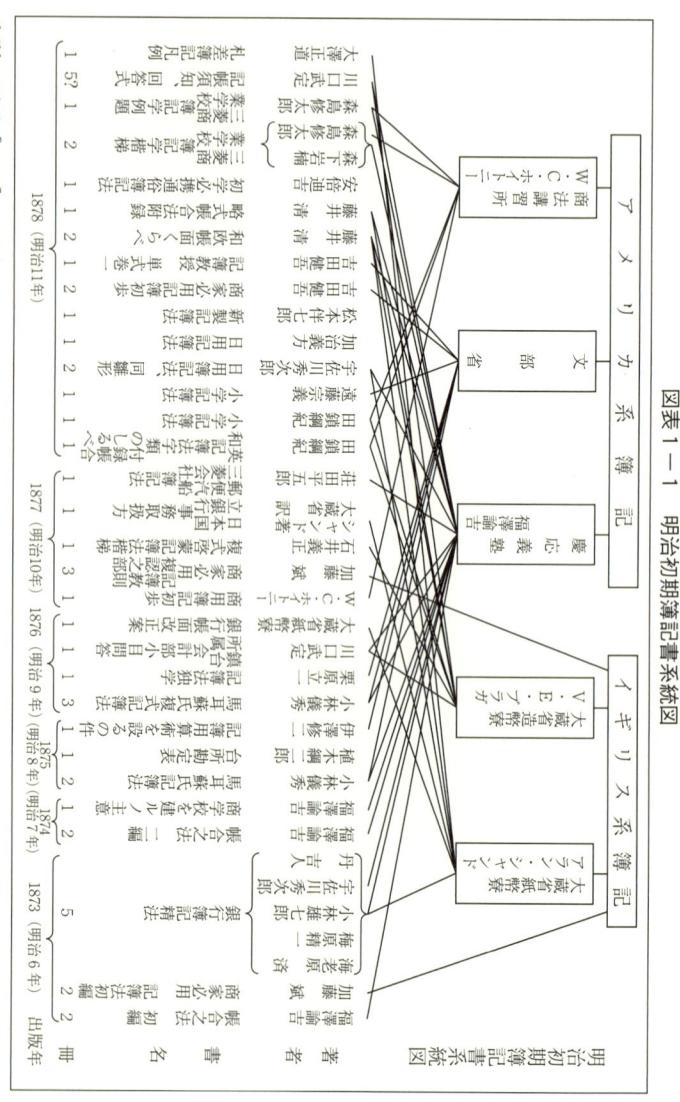

図表1−1 明治初期簿記書系統図

出所：西川[1974] 246頁。

2 明治期の簿記教育

（1）明治期の教育法令等にみる記簿（簿記）

本節では、主に小・中学校を中心として「記簿（簿記）」が明記されている主な明治期の教育法令等を、文部省［1972］、あるいは文部科学省『学制百年史資料編』『文部科学省ホームページ』をみながら取り上げていくことにします。この時期の教育法令は多々ありますが、ここでは、1872（明治5）年8月3日文部省布達第一三号別冊、1891（明治24）年11月17日文部省令第一一号小学校教則大綱（抄）、1907（明治40）年3月25日文部省令第六号小学校令施行規則中改正（抄）の3つを取り上げます。

（ア）1872（明治5）年8月3日文部省布達第一三号別冊

当該別冊第二七章では「尋常小学ヲ分テ上下二等トス此二等ハ男女共必ス卒業スヘキモノトス教則別冊アリ（尋常小学を上等小学・下等小学に分け、男女ともに必ず卒業すべきものとする）」とし、図表1-2のとおり、尋常小学を下等小学、上等小学の2つに分けています。

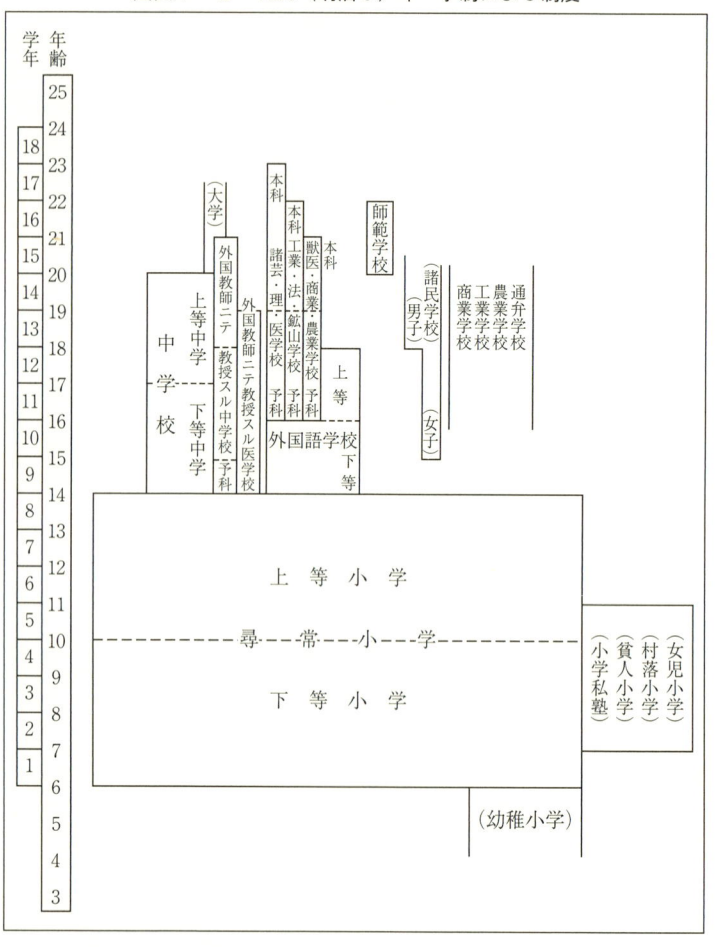

図表1−2　1873（明治6）年　学制による制度

学年	年齢									
	25									
	24									
18	23			本科						
17	22		（大学）	本科 工業・法・鉱山学校 予科	本科 諸芸・理・医学校 予科	本科 獣医・商業・農業学校 予科	師範学校		通弁学校 農業学校 工業学校 商業学校	
16	21		外国教師ニテ教授スル中学校 予科					（諸民学校 男子）		
15	20									
14	19	上等中学								
13	18	中学校	外国教師ニテ教授スル医学校				上等			
12	17	下等中学					外国語学校	（女子）		
11	16						下等			
10	15									
9	14									
8	13	上　等　小　学								
7	12									
6	11									
5	10	尋──常──小──学							（女児小学） （村落小学） （貧人小学） （小学私塾）	
4	9	下　等　小　学								
3	8									
2	7									
1	6									
	5	（幼稚小学）								
	4									
	3									

出所：文部科学省「学制百年史資料編」『文部科学省ホームページ』
http://www.mext.go.jp/b_menu/hakusho/html/hpbz198102/hpbz198102_2_185.html#

また同章では、図表1－3のとおり、上等小学の学科目を列記したあとに「其他ノ形情ニ因テハ学科ヲ拡張スル為メ左ノ四科ヲ糾酌シテ教ルコトアルヘシ」（そのほかの形情によっては、学科を拡張するために次の四科目を斟酌して教えるべきである）」とし、当該4科目のなかの第2番目として「二 記簿法」を取り上げていることがわかります。

このようなことから明治初期の初等教育では、記簿（簿記）の必要性が認められており、小学校から簿記を学ぶ機会が与えられていたことが理解できます。

また当該別冊第二九章では、「中学校」においても「記簿法」を取り上げています。当時の「中学校」では、図表1－2にもあるように、14歳から16歳を下等中学とし、上等中学は17歳から19歳と分けています。そのうち下等中学教科は同章において、図表1－4のとおり、第11番目に「記簿法」を取り上げており、また同章において上等中学教科では第9番目に「記簿法」を取り上げています。さらに同章では、「中学校」の一種として「商業学校」といいう文言も明示しています。

図表1－3　1872（明治5）年8月3日文部省布達第一三号別冊第二七章

第二七章　尋常小学ヲ分テ上下二等トス此
二等ハ男女共必ス卒業スヘキモノトス教則
別冊アリ

下等小学教科
一　綴字　読並盤上習字
二　習字　字形ヲ主トス
三　単語読
四　会話読
五　読本解意
六　修身解意
七　書牘解意並盤上習字
八　文法解意
九　算術　九々数位加減乗除但洋法ヲ用
フ
十　養生法　講義
十一　地学大意
十二　理学大意
十三　体術

十四　唱歌　当分之ヲ欠ク
上等小学ノ教科ハ下等小学教科ノ上ニ
左ノ条件ヲ加フ
一　史学大意
二　幾何学罫画大意
三　博物学大意
四　化学大意
其他ノ形情ニ因テハ学科ヲ拡張スル為
メ左ノ四科ヲ糾酌シテ教ルコトアルヘシ
一　外国語学ノ一二
二　記簿法
三　画学
四　天球学
下等小学ハ六歳ヨリ九歳マテ上等小学
ハ十歳ヨリ十三歳マテニ卒業セシムルヲ
法則トス但事情ニヨリ一概ニ行ワレサル
時ハ斟酌スルモ妨ゲナシトス

図表1－4　1872（明治5）年8月3日文部省布達
第一三号別冊第二九章

第二九章　中学ハ小学ヲ経タル生徒ニ普通ノ学科ヲ教ル所ナリ分チ上下二等ノ外工業学校商業学校通弁学校農業学校諸民学校アリ此外廃人学校アルヘシ

下等中学教科
一　国語学
二　数学
三　習字
四　地学
五　史学
六　外国語学
七　理学

八　画学
九　古言学
十　幾何学
十一　記簿法
十二　博物学
十三　化学
十四　修身学
十五　測量学
十六　奏楽　当分欠ク

上等中学教科
一　国語学
二　数学
三　習字
四　外国語学
五　理学

六　罫画
七　古言学
八　幾何代数学
九　記簿法
十　化学
十一　修身学
十二　測量学
十三　経済学
十四　重学
十五　動植地質鉱山学

下等中学ハ十四歳ヨリ十六歳マテ上等中学ハ十七歳ヨリ十九歳マテニ卒業セシムルヲ法則トス

（イ）1891（明治24）年11月17日文部省令第一一号小学校教則大綱（抄）

当該大綱の第1条に「小学校ニ於テハ小学校令第一条ノ旨趣ヲ遵守シテ児童ヲ教育スヘシ（小学校においては小学校令第一条の内容を遵守して児童を教育すべきである）」という文言をかかげています。図表1－5のとおり、その第五条のなかで高等小学校において「日用簿記」の概略を教育することを示しています。この時期の小学校は「尋常小学校」および「高等小学校」に区分され、1890（明治23）年10月7日勅令第二一五号小学校令第八条によれば「尋常小学校ノ修業年限ハ三箇年又ハ四箇年トシ高等小学校ノ修業年限ハ二箇年三箇年又ハ四箇年トス（尋常小学校の修業年限は三年または四年とし、高等小学校の修業年限は二年三年または四年とする）」としています。

図表1－5　1891（明治24）年11月17日文部省令第一一号小学校教則大綱（抄）第五条

第五条　算術ハ日常ノ計算ニ習熟セシメ兼ネテ思想ヲ精密ニシ傍ラ生業上有益ナル知識ヲ与フルヲ以テ要旨トス（・・・略・・・）

高等小学校ニ於テハ筆算ヲ用ヒ初メハ度量衡貨幣及時刻ノ計算ヲ練習セシメ漸ク進ミテハ簡易ナル比例問題ト通常ノ分数小数トヲ併セ授ケ又学校ノ修業年限ニ応シ更ニ稍複雑ナル比例問題及日用適切ノ百分算ヲ授ケ土地ノ情況ニ依リテハ開平開立及簡易ナル求積若クハ日用簿記ノ概略ヲ授ケ又ハ殊算ヲ用ヒテ加減乗除ヲ授クヘシ

但尋常小学校ニ於テ珠算ノミヲ学ヒタル者ニハ最初筆算ヲ用ヒテ加減乗除ヲ授クヘシ（・・・略・・・）

(ウ) 1907（明治40）年3月25日文部省令第六号小学校令施行規則中改正（抄）

当該施行規則では、図表1－6のとおり、高等小学校において「日用簿記」の概略を教育することを示しています。この時期の小学校も「尋常小学校」および「高等小学校」に区分されています。1907（明治40）年3月21日勅令第五二号小学校令中改正第一八条によれば、「尋常小学校ノ修業年限ハ六箇年トス」「高等小学校ノ修業年限ハ二箇年トス但シ延長シテ三箇年ト為スコトヲ得」としています。

図表1－6　1907（明治40）年3月25日文部省令第六号小学校令施行規則中改正（抄）第四条

第四条第二項及第三項ヲ左ノ如ク改ム

尋常小学校ニ於テハ初ハ十以下ノ数ノ範囲ニ於ケル数ヘ方、書キ方及加減乗除ヲ授ケ漸ク其ノ範囲ヲ拡メテ百以下ノ数ニ及ホシ更ニ進ミテ通常ノ加減乗除並ニ小数、諸等数及簡易ナル分数、歩合算ヲ授クヘシ

高等小学校ニ於テハ分数、歩合算ヲ授ケ比例ニ及ホシ学校ノ修業年限ニ応シ更ニ求積ヲ授ケ又土地ノ情況ニ依リテハ日用簿記ノ大要ヲ授クヘシ

(2) 簿記教科書

1872(明治5)年の学制頒布後、文部省が学校教科書として出版したものが小林儀秀訳『馬耳蘇氏記簿法』でした。これは、文部省が学校教科書として出版したものですが、実情を考えて編集したものではなく、さらに簡単な教科書の編集が行われ、それらが各地で多く出版されはじめました(西川[1974]278頁)。なお、当時の簿記教科書の一部は、国立国会図書館の「近代デジタルライブラリー」からダウンロードできます。そのうち、ここでは図表1-1にも取り上げられている遠藤宗義編[1878]『小學記簿法』に焦点をあてます。

そこでは目録として、要旨、帳簿ノ種類、規則、心得、記問法、**試算表**、勘定帳、試問があげられています。冒頭では、「我国従来記簿ノ法アリト雖モ其法煩冗ニシテ欧米諸法ノ簡便ナルニ如カス今馬氏記簿法及帳合ノ法等ヲ参酌シ以テ小學生徒ニ授ケントス(わが国にも従来の簿記があるというもののそれは複雑でわずらわしく欧米諸法の簡便なるに及ばないので『馬耳蘇氏記簿法』や『帳合之法』等を参考にして長所を取り入れ小学生徒に授ける)」(遠藤[1878]2頁)と示されており、福沢訳『帳合之法』や小林訳『馬耳蘇氏記簿法』を前提としたうえで、「小學生徒」にもよりわかりやすい内容を示した書であることがわかります。

また帳簿については縦書きの方法で、アラビア数字はなく、日本数字を使用し、「金銭出

納帳」「日用帳」「大帳」のみが綴られています。同類の他の書に比べると、帳簿については限定列挙している印象がありますが、その分、簡単に記されています。また、それ以外の帳簿は「記簿専門ノ師ニツキテ学習スベシ（簿記の専門の師について学ぶべきである）」（遠藤［1878］2頁）と書かれており、平易にわかりやすく説明している入門書的なものと考えられます。

Ⅱ 簿記教育の必要性

　本章では、明治期における簿記教育について述べてきました。学校制度を定めた教育法令である「学制」が1872（明治5）年に頒布され、明治期は小・中学校において記簿（簿記）を学ぶ機会が与えられていたことがわかりました。

　そして、そこで使用されていた簿記教科書の例として、遠藤宗義編［1878］『小學記簿法』を取り上げましたが、そこでは、単式簿記の考え方に基づいて作成されているようです。しかし、本章では詳しく取り上げませんでしたが、たとえば、城谷謙訳［1878］『小學記簿法独学』をみると、単記法の考え方から複記法の考え方への展開がなされており、横書きのアラビア数字の表記部分もあり、内容も遠藤［1878］『小學記簿法』に比べれば難しい印象があります。それに対して、上述したように、遠藤［1878］『小學記簿法』は帳簿を金銭出納帳、日用帳、大帳に限り、縦書きであり日本数字の表記となっています。

この点に関して、「上等小学校では『単記』＝単式簿記を中心とする簡易・明瞭な作表や計算の学力が庶民子弟によって必要な教育内容とされた。他方、記簿のもう一つの内容である『複記』＝複式簿記は上等小学の学習レベルを超えるものであることが認識され、上等小学より高いレベル（下等・上等中学）の科目として教えられた」（森川［1999］13頁）と指摘するものもあります。

ともあれ、当時は簿記に関する書物が多く出版され、簿記教育の必要性が教育法令などにおいて初等教育をはじめとして認められ、現代とは異なり、国をあげて簿記教育が盛んに行われていたことが伺えます。これは、「教養」という視点で簿記教育をとらえていくなかで、現代の初等教育等のあり方を検討していく糸口を与えるものになるでしょう。

〈引用文献〉

青木倫太郎［1978］「会計教育の今昔」（日本会計研究学会近代会計制度百周年記念事業委員会編『近代会計百年──その歩みと文献目録』日本会計研究学会所収）

遠藤宗義編［1978］『小學記簿法』山梨縣師範學校。

大蔵省訳［1979］『銀行簿記精法』雄松堂書店。

工藤栄一郎・島本克彦［2007］「わが国における簿記学の形成と簿記の定義と機能──過去・現在・未来─」同文舘出版所収）。

小林儀秀訳［1875］『記簿法（馬耳蘇氏）』文部省。

城谷　謙訳［1978］『小学記簿法独学』文求堂。

塚田正教［1880］『小学記簿法初編』金剛閣。

西川孝治郎［1974］『日本簿記史談』同文舘出版。

西川孝治郎［1982］『文献解題　日本簿記学生成史』雄松堂書店。

西川孝治郎［1953］「簿記という語ができるまで」『産業経理』第13巻第6号、109–111頁。

久野秀男［1992］『会計制度史比較研究』学習院大学研究叢書25。

福沢諭吉訳［1985］『帳合之法（復刻版）』雄松堂書店。

森川治人［1999］「学制期における普通教育としての実業教科の内容と性格に関する研究──上等小学校科『記簿法』の成立過程に即して──」『職業と技術の教育学』通号12号、1–16頁。

文部省［1972］『学制百年史（資料編）』帝国地方行政学会。

文部科学省「学制百年史資料編」『文部科学省ホームページ』
(http://www.mext.go.jp/b_menu/hakusho/html/hpbz198102/hpbz198102_2_185.html#)。

吉田忠健編輯［1880］『小学記簿法』第一巻・巻之二、杉本甚介（出版人）。

第2章 大正期の簿記教育

第1章において述べたとおり、わが国で最初に学校制度を定めた教育法令である「学制」は1872（明治5）年に頒布されました。明治期の教育法令等をみれば、現代とは異なり、「小学校」から記簿（簿記）を学ぶ機会が与えられており、明治期の「小学校」や「中学校」は、「社会活動を営む上で必要な文化に関する広い知識」を学ぶ一環として「記簿（簿記）」を取り入れていたことがわかりました。このようなことから当時のわが国の簿記教育の基本的な姿勢は、国民が備えるべき「教養」の1つであったと結論づけることができます。このような観点で記簿（簿記）をとらえながら、続いて本章においては、大正期の簿記教育をみていくことにしましょう。

I 大正期における簿記教育

1 大正期の教育法規等にみる簿記

文部省『学制百年史』によれば、大正時代に頒布された教育法規等は、総則、初等教育、中等教育、高等教育に限れば、図表2－1のとおりです。

124

図表2－1　大正時代に頒布された教育法規等

［総　則］
一九一九（大正八）年八月一九日　日常生活上浪費ヲ省キ節約ヲ重ンズルノ良習養成ノ件
［訓令］
一九二六（大正一五）年四月二三日　幼稚園令
一九二六（大正一五）年四月二三日　幼稚園令施行規則（抄）
［中等教育］
一九二〇（大正九）年七月六日　高等女学校令中改正
［高等教育］
一九一八（大正七）年一二月六日　大学令
一九一八（大正七）年一二月六日　高等学校令
一九一九（大正八）年三月二九日　大学規程
一九一九（大正八）年三月二九日　高等学校規程（抄）

　大正期が明治期に比べ期間が短かったこともありますが、明治期に頒布された教育法規等に比べると、大正期は格段に数が少ないことがわかります。なお、これら教育法規等のなかで「記簿（簿記）」を記した文言は見当たりません。また、第1章図表1－2で示した1873（明治6）年の学制による制度によれば、当時の「尋常小学」は6歳から14歳を対

象とし、下等小学・上等小学に区分されていました。その後の小学校令中改正（1907（明治40）年3月21日勅令第五二号）第一八条は、「尋常小学校ノ修業年限ハ六箇年トス（尋常小学校の修業年限は六年とする）」とし6歳から12歳を対象とし、それを超える者は、中学校、高等女学校、高等小学校等に区分されています。そして大正期は、図表2－2が示すように、当該第一八条の学校系統をほぼ踏襲しているといえるでしょう（文部省［1972］335－345頁）。

明治後期から大正時代の初等教育のなかで「記簿（簿記）」を記したものは、『学制百年史』によれば、第1章でも記したとおり1926（大正15）年4月22日「幼稚園令」の前に頒布された1907（明治40）年3月25日文部省令第六号小学校令施行規則中改正（抄）になります。そこでは高等小学校において「日用簿記」の概略を教育することを示しており、すなわち、大正期においても当該第四条は適用されていたと考えられます。大正期の教育法規等をみる限り「記簿（簿記）」という文言はありませんが、簿記教科書として文部省から『小学簿記』（文部省［1913a］『小学簿記説明ノ部教師用』日本書籍、文部省［1913b］『小学簿記帳簿ノ部教師用』東京書籍）は、大正期に出版されています。

2 大正期の簿記教科書

上で述べたように、明治期後半から大正期にかけて簿記教科書も出版されていますが、こ

図表2−2　1919（大正8）年　学制による制度（学校系統図）

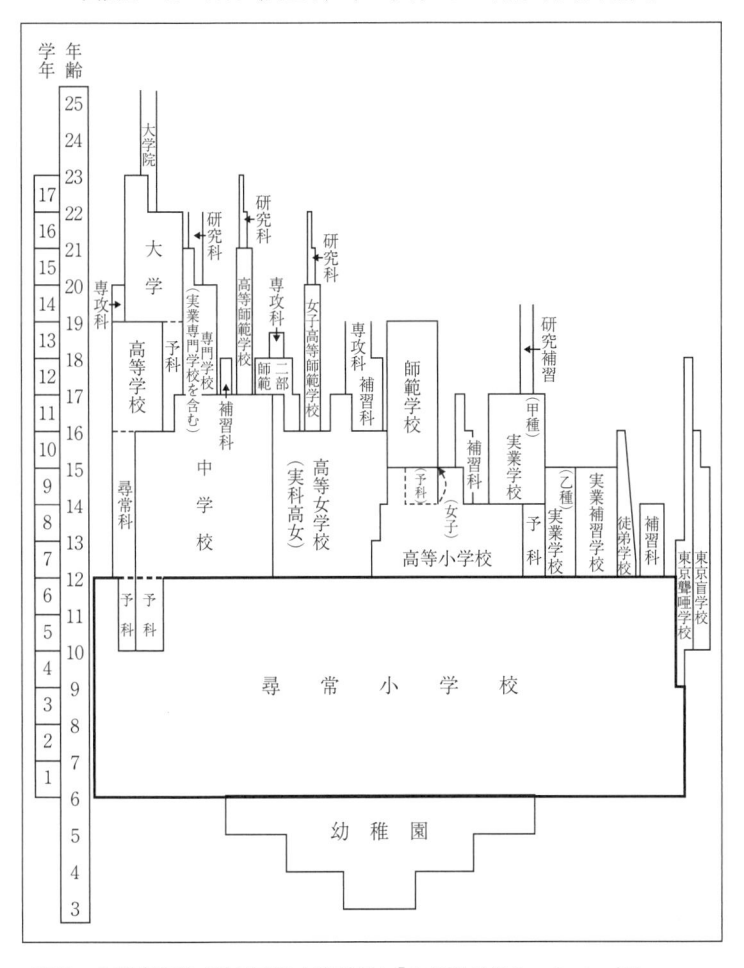

出所：文部科学省「学制百年史資料編」『文部科学省ホームページ』
　　　http://www.mext.go.jp/b_menu/hakusho/html/hpbz198102/hpbz198
　　　102_2_185.html#

こで指摘しておかなければならないことは、1910（明治43）年に吉田良三の『会計学』（吉田良三［1910］『会計学』同文舘）が出版されているということです。この点について、黒澤清は「吉田の『会計学』の出現以後は、明治簿記史における簿記とはその役割ない意義を異にするものへと変化しはじめたのである。特に日本会計学会の成立以後の時代においては、簿記は、それ自体で完結した計算記録の技術体系たることから、『会計学』の知識体系のなかに組み込まれ、その構成部分としての簿記原理へと発展しはじめたのである」（黒澤［1990］142－143頁）と述べています。

明治期は多くの簿記書が発刊されましたが、明治期末期から大正期にかけては、その内容が大きく転換していった経緯がみてとれます。なお吉田は『会計学』第6版を1913（大正2）年2月に刊行しています。

明治初期に複式簿記の技術等が西洋の翻訳書などを通して紹介され、同時に教育法規が矢継ぎ早に頒布されました。小学校から簿記を学べる機会が存在し、いわゆる簿記教育が流行し（ただし簿記そのものがすぐに定着したわけではありません）、高い簿記教育を教える簿記学校も設立され、また簿記通信教育なるものまで存在しました（西川［1974］379－426頁）。しかし、上記のように明治末期から大正期にかけて簿記のもつ意味が変化していきます。

すなわち「導入期の複式簿記は、近代化のために西洋から輸入された産業技術としての性

128

格をもつものであったが、その後、簿記教育の普及とともにおびただしい数の簿記書が印刷・刊行されるにつれて、単一の原著の翻訳物としての簿記書から、より幅広く複数の西洋簿記書からの知見をとり入れてさらに簿記論者独自の創意工夫を織り込んだ簿記書へと移りかわっていくようになった」（工藤・島本［2007］216頁）のです。わが国の簿記学に多大なる影響を及ぼした吉田や上野道輔などの著書が多く刊行されたのもこの時期です（工藤・島本［2007］215-238頁）。その他、明治末期から大正期にかけては、家計簿記に関わる書物等も多く出版されました。また農業教科書も発刊され「農業簿記」等と示された文献も多く出版されました。

ここで改めて検討したいのは、明治期（特に初期）の簿記教育の基本的な姿勢は、国民が備えるべき「教養」の1つでしたが、それに対して大正期はどのような状況であったのかということです。わが国におけるいわゆる「簿記学」の形成は明治末期から大正期にかけて発展していきました。その過程における簿記教科書については、1913（大正2）年に文部省から発刊された『小学簿記説明ノ部教師用』および『小学簿記帳簿ノ部教師用』を中心に説明していくことにします。前者は例題を示し、後者はその解答内容等を論じています。

『小学簿記説明ノ部教師用』の凡例は、図表2-3に示されるように、4点を示しています。これは教師用教科書であり、生徒に教えるさい、その土地の状況に応じて内容を変更することを可能としており、また決算期においてもその土地の慣習に従うものとしています。

図表２－３　『小学簿記説明ノ部教師用』の凡例

一　本書ハ説明ノ部ト帳簿ノ部トノ二冊ヨリ成リ、高等小学校算術化ニ於テ簿記ヲ課スル場合ノ教師用教科書ニ充ツル為ニ編纂シタルモノナリ。

二　本書ニ於テハ極メテ平易ニシテ普通ナル諸種ノ例題五箇ヲ選ビ其ノ第一乃至第四八單式簿記ニ依リ第五ハ複式簿記ニ依リテ之ヲ掲ゲタリ。然レドモ教師ハ此ノ五箇ノ例題ヲ悉ク授クルコト要セズ、教授時數ノ多少及ビ土地ノ情況ニ應ジ適當ナル一二ノ例題ヲ選ビ且例題中變更ヲ要スル事項アラバ之ヲ更生シ適宜取捨斟酌ヲ加ヘテ教授スベキナリ。

三　簿記ハ記帳練習ヲナスノ旨トスルヲ以テ教師ハ一例題ヲ授ケ了リタル毎ニ本例題ヲ參酌シテ之ニ接續スル次期ノ問題ヲ作リテ之ヲ課スベシ。又本書ノ例題ハ一箇月又ハ半箇年ヲ以テ一期トシテ帳簿ノ決算ヲナスト雖モ、決算期ノ如キハ土地ノ慣例又ハ記帳者ノ便宜ニ依ルモノニシテ一定セルモノニアラズ、故ニ決算期間數箇月又ハ一箇年ノ問題ヲ作リテ之ヲ課ストモ可ナリ。

四　教授上注意スベキ事項ハ各、其ノ適當ナル場所ニ之ヲ掲ゲタルヲ以テ教師ハ豫メ本書全部（説明ノ部並ビニ帳簿ノ部）ヲ通讀スルコトヲ要ス。

出所：文部省［1913 a］凡例。

また出題数は5問設定されていますが、注意すべきは、単式簿記だけではなく、複式簿記の内容も取り上げている点です（第1例題から第4例題は単式簿記の問題、第5例題は複式簿記の問題という構成になっています）。

高等小学校における、このような教育内容は、前章においても述べましたが、「教養」と

130

いう視点で簿記教育をとらえていくなかで、現代の中等教育等のあり方を検討していくきっかけにもなるでしょう。

II 明治期から大正期の簿記教育の変化

　大正期が明治期に比べ期間が短かかったこともありますが、明治時代に頒布された教育法規等に比べると数が少なく、またこれら教育法規等のなかで、「記簿（簿記）」を記した文言は見当たりません。大正期の学校系統は、明治期末期の学校系統をほぼ踏襲していたといってよいでしょう。さらに文献を調査するにあたっても明治期に比べ大正期は数が少なく、官庁が発刊した簿記教科書的なものは、日本会計研究学会近代会計制度百周年記念事業委員会編［1978］の文献目録によれば、上記の1913（大正2）年の文部省発刊『小学簿記説明ノ部教師用』および『小学簿記帳簿ノ部教師用』のみでした。

　また、これらは尋常小学校向けではなく、高等小学校を対象としたものであり、そのことから内容も単式簿記にとどまらず複式簿記についても記されています。ただし、家計簿記や農業簿記について書かれた教科書もこの時期に比較的多く刊行されています。また、わが国の簿記学に大きな影響を及ぼした吉田や上野の著書が多く刊行されたのもこの時期であり、「古典的会計学の萌芽の時代」（黒澤［1990］143頁）でもあった点にも注意しなければなりません。

131　第2章　大正期の簿記教育

専門性が高まり会計学の知識体系のなかの簿記の必要性が強まりはじめ、明治期初期のような万人のための簿記とは、また異なる側面が強調されはじめた時期ともいえるでしょう。

〈引用文献〉

黒澤　清［1990］『日本会計制度発達史』財経詳報社。

工藤栄一郎・島本克彦［2007］「わが国における簿記学の形成と簿記の定義」（中野常男編『複式簿記の構造と機能』同文舘出版所収）。

西川孝治郎［1974］『日本簿記史談』同文舘出版。

日本会計研究学会近代会計制度百周年記念事業委員会編［1978］『近代会計百年——その歩みと文献目録』日本会計研究学会。

文部省［1913a］『小学簿記説明ノ部教師用』日本書籍。

文部省［1913b］『小学簿記帳簿ノ部教師用』東京書籍。

文部省［1972］『学制百年史（資料編）』帝国地方行政学会。

文部科学省「学制百年史資料編」『文部科学省ホームページ』(http://www.mext.go.jp/b_menu/hakusho/html/hpbz198102/hpbz198102_2_185.html#)。

吉田良三［1910］『会計学』同文舘。

第3章 昭和初期の簿記教育

本章では、昭和初期（戦前期）において高等小学校および中学校で行われた簿記教育について述べます。昭和初期における高等小学校および中学校の簿記教育は、1872（明治5）年8月3日文部省布達第一三号別冊にその基礎をおいており、そこでは、第1章「簿記教育の淵源」で述べられたように、高等小学校、中学校ともにその教科の1つとして「記簿法」をあげていました。すなわち、昭和初期においては尋常小学校を卒業した高等小学校生や旧制中学生に対して簿記教育が行われていたのです。

このことを踏まえて、本章は昭和初期、とりわけ1941（昭和16）年の学制改革以前の高等小学校および中学校において講じられていた簿記教育の内容を、教育法規と教科書の内容を対象として述べます。

I 昭和初期における高等小学校の簿記教育

1 小学校の教育法令と簿記

戦前小学校は、その内容について「小学校令」によって定められ、1886（明治19）年

133

を端緒として、以降1890（明治23）年、1900（明治33）年と二度にわたって全面改正されています。「小学校令」は小学校をさらに尋常小学と高等小学に分け、前章で述べたように、その修業年限は1907（明治40）年の改正小学校令（小学校令中改正（明治40年3月21日勅令第五二号）により、図表3－1のように規定されていました。

図表3－1　1907（明治40）年3月21日文部省令第五十二号小学校令中改正第十八条

> 尋常小学校ノ修業年限ハ六箇年トス
> 高等小学校ノ修業年限ハ二箇年トス但シ延長シテ三箇年ト為スコトヲ得

そして、図表3－2が示すように、尋常小学校は6歳から12歳が就学し、高等小学校は12歳から15歳が就学していました。これは、前章で示した大正期の学制とまったく同じです。

小学校では、なかでも高等小学校の学習科目として「小学校令」の第二〇条において、商業を選択科目としてあげています。

図表3−2　昭和初期の各学校修業年限

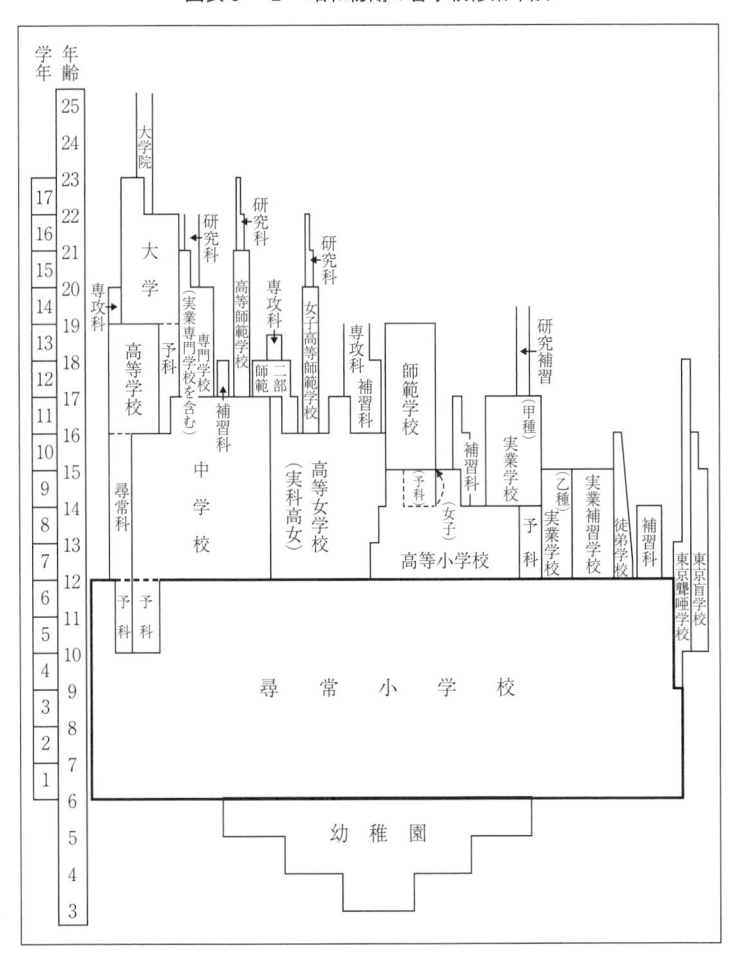

出所：文部科学省「学制百年史資料編」『文部科学省ホームページ』
http://www.mext.go.jp/b_menu/hakusho/html/hpbz198102/hpbz198102_2_185.html#

また、小学校令施行規則をみると高等小学校の算術の教育内容のなかにも、簿記の名称をみることができます。

図表3－3　1907（明治40）年3月21日文部省令第五二号小学校令中改正第二〇条

> 高等小学校ノ教科目ハ修身、国語、算術、日本歴史、地理、理科、図画、唱歌、体操トシ女児ノ為ニハ裁縫ヲ加フ
> 修業年限二箇年ノ高等小学校ニ於テハ理科、唱歌ノ一科目若ハ二科目ヲ闕キ又ハ手工ヲ加フルコトヲ得
> 修業年限三箇年以上ノ高等小学校ニ於テハ唱歌ヲ闕キ又ハ農業、商業、手工ノ一科目若ハ数科目ヲ加フルコトヲ得修業年限四箇年ノ高等小学校ニ於テハ英語ヲ加フルコトヲ得
> 前三項ニ依リ加フル教科目ハ之ヲ随意科目ト為スコトヲ

図表3－4　1907（明治40）年3月21日文部省令第五二号小学校令中改正第二〇条

> 尋常小学校ニ於テハ初ハ十以下ノ数ノ範囲ニ於ケル数へ方、書キ方及加減乗除ヲ授ケ漸ク其ノ範囲ヲ拡メテ百以下ノ数ニ及ホシ更ニ進ミテ通常ノ加減乗除並ニ小数、諸等数及簡易ナル分数、歩合算ヲ授クヘシ
> 高等小学校ニ於テハ分数、歩合算ヲ授ケ比例ニ及ホシ学校ノ修業年限ニ応シ更ニ求積ヲ授ケ又土地ノ情況ニ依リテハ日用簿記ノ大要ヲ授クヘシ

136

2 昭和初期における高等小学校の簿記教科書

 以上の規則に基づいて、昭和初期の高等小学校で簿記が教育されていたわけですが、実際の教育内容はどのようなものであったかを説明するために、当時の教科書として用いられていた『高等小学簿記教科書 第一学年 児童用』、および『高等小学簿記教科書 第二学年 児童用』を参照することにしましょう。

（1）簿記教育の導入部分

 簿記教育の導入部分においては、まず手始めに児童の小遣いのやり繰りを、現金出納帳で表現するところから始まっています（文部省 [1937] 1－3頁）。教科書内ではある児童の日記から小遣いの入出金に関する部分を抜き出し、これを現金出納帳に記載させています（文部省 [1937] 5－6頁）。

（2）記帳業務への姿勢

 第1学年用では「記帳の心得」に1章を割いています（文部省 [1937] 7－8頁）。ここでは次の9項目の心得が述べられています。

一 帳簿は、毎頁に丁数を入れる。
二 文字は楷書か行書を使い、仮名はカタカナを用いる。

三　文字の大きさは行線間の二分の一、または三分の二の大きさで書く。
四　漢数字は旧漢字を用いる。
五　数字は三桁毎にカンマで区切る。
六　訂正は赤の二重訂正線を使用して、その上部に正しい文字を書く。消したり、削ったり、貼紙等で消してはならない。
七　一頁に多数の誤りが生じて見苦しくなった場合は、その頁を赤で×印を入れて頁を改める。決して破り捨ててはいけない。
八　一つの事象を二頁にまたがって記載してはならない。
九　記入を簡略化するために、￥、＠、＃、〃などの記号を用いる。

（3）単式簿記と複式簿記

第1学年用では仕入帳、売上帳、日記帳、元帳と各帳簿の役割や記載方法を学ばせた後に、決算ではこれらの帳簿をそれぞれ締め切り、決算表（貸借対照表）を作成させる単式簿記決算を対象としています（文部省［1937］33－36頁）。これにより、利益計算については資産と負債の差額である資本が期末時点で期首よりもいくら増えたかという方式（**財産法**）によって計算されます。

一方で、損益計算書については売上帳から売上高、仕入帳と**棚卸表**から売上原価、現金出

納帳（支出の伴うもの）と棚卸表（減価償却費）から営業費を集計して作成する方法を述べています。しかし「営業が複雑になって損益項目が多くなると、これ等を一つも漏らさない正しい損益計算書を作ることは非常に困難で寧ろ不可能なことである」（文部省［1937］38頁）として、複式簿記への学習展開へとつなげています。

第1学年の終わりでは、これまで学んできた単式簿記の欠点として「単式簿記の各帳簿は或特別財産の収支を明らかにするに止まり、全帳簿の間には連絡がないから、記帳に誤りがあっても、これを発見することは容易ではない」ことと、「損益計算書を正しく作ることは、極めて困難」であることをあげ、これらの欠点を補う手段として複式簿記の優位性を説いています（文部省［1937］46–47頁）。

勘定科目を用いた仕訳は第2学年用の冒頭になって登場します（文部省［1938］1–17頁）。第2学年用は複式簿記による記帳法を一貫して学習させていました。

戦前の教科書が単式簿記を講じているのに対して、第4章以降で明らかなように、戦後は複式簿記のみがその教育対象として講じられているのが対照的です。安藤英義は、その端緒が太田哲三の『商業簿記』（瞭文堂、1930年）であることを明らかにしています（安藤［2001］5頁）。

（4）帳簿と記帳

主要簿と補助簿の機能について、第2学年用で解説されています。主要簿については「取引を漏らさず記録し、営業成績と財産や資本の状態とを明らかにするもの」として、その内容として元帳と仕訳帳をあげています。一方で、補助簿は「主要簿の記録を補ふものであつて、営業の種類や規模の大小等によって、その名称や形式は一定していない」と解説しています（文部省［1938］18頁）。

決算において資産、負債、資本の各勘定科目を翌期に繰り越す方法として、各勘定の残高を残高勘定に集計させて繰り越す**大陸式決算法**と、残高勘定に集計させずに各勘定科目に次期繰越と記載して直接繰り越す**英米式決算法**がありますが、この教科書では英米式決算法を採用していました（文部省［1938］35頁）。

決算書は損益計算書と貸借対照表に加えて、この頃商法第二六条で作成が義務づけられていた財産目録を、貸借対照表で総括的に記載されている資産、負債の内容を明らかにするものとして解説しています（文部省［1938］40－41頁）。

（5）商品勘定

商品勘定については、「商品を仕入れたときその仕入原価で借方に記入し、売却したとき売渡価格で貸方も記入する」という、**総記法**とよばれる方法での解説がなされています（文

II 昭和初期における中学校の簿記教育

1 中学校の教育法令と簿記

戦前中学校は、1886（明治19）年の「中学校令」により設置されました。昭和初期においては、1889（明治32）年の改正中学校令（中学校令改正（明治32年2月7日勅令第二八号））により、図表3-5のように規定されていました。

図表3-5 1889（明治32）年文部省令第二八号中学校令中改正

> 第九条　中学校ノ修業年限ハ五箇年トス但シ一箇年以内ノ補習科ヲ置クコトヲ得
> 第十条　中学校ニ入学スルコトヲ得ル者ハ年齢十二年以上ニシテ高等小学校第二学年ノ課程ヲ卒リタル者又ハ之ト同等ノ学力ヲ有スル者タルヘシ

部省［1938］3頁）。商品勘定は、棚卸表から導かれた商品の期末有高を次期繰越として繰り越す資産の勘定であると同時に、次期繰越を含む貸借差額を損益勘定へ転記する資産と費用の性格を併せもった混合勘定であると述べられています（文部省［1938］36頁）。高等小学校の教科書は理論や仕訳解法の計算技術よりも、帳簿記入の仕方や各帳簿の役割を理解させるべく、記帳練習に重点をおいた内容となっていました。

また、図表3－2で示したように、中学校へは12歳から17歳が就学していました。中学校の教科としては、1931（昭和6）年の「中学校施行規則中改正」（昭和6年1月10日文部省令第二号）で図表3－6のように示されており、実業が含まれています。

図表3－6　1931（昭和6）年文部省令第二号中学校施行規則中改正第二条

> 中学校ノ学科目ハ修身、公民科、国語漢文、歴史、地理、外国語、数学、理科、実業、図画、音楽、作業科、体操トス
> 第四学年以上ニ在リテハ第一種及第二種ノ課程ヲ編制シ生徒ヲシテ其ノ一課程ヲ選修セシム第一種及第二種ノ課程ハ修身、公民科、国語漢文、歴史、地理、外国語、数学、理科、作業科、体操ヲ基本科目トシ第一種課程ニハ基本科目ニ国語漢文、外国語、数学、理科、図画、音楽ノ中適宜ノ数科目及実業ヲ増課シ第二種課程ニハ基本科目ニ国語漢文、数学、理科、図画、音楽ノ中適宜其ノ数科目及外国語ヲ増課シ之ヲ編制スベシ

この1931（昭和6）年の「中学校施行規則中改正」に併せて「文部省中学校教授要目」が改正され、第4学年では単式簿記をその教育の対象として週1時間、第5学年では複式簿記をその教育の対象として週2時間があてられています（吉田［1934］凡例）。

142

2 昭和初期における中学校の簿記教科書

昭和初期の中学校での簿記教育内容はどのようなものであったかを説明するために、当時の教科書として用いられていた、増地庸治郎『中学校商業教科書 簿記編 修正再版』および吉田良三『中等簿記教科書 修正再版』を参照することにします。

（1）簿記教育の導入部分

簿記教育の導入部分においては、両書ともにその意義と目的を「財産や資本の変動を帳簿に記録・計算してその結果を明らかにする」旨が述べられています（増地［1932］1－2頁、吉田［1934］1頁）。

高等小学校の教科書と異なるのは、高等小学校では計算や記帳練習からその教育の導入を行っていましたが、中学校においては財産や資本の意義、単式簿記と複式簿記の違い、簿記上の取引とは何か等といった用語の解説からはじめて、記帳練習や計算はその用語を理解させてから行うという特徴がありました。

（2）単式簿記と複式簿記

中学校教科書においても単式簿記から複式簿記への発展的学習が行われています。中学校教科書における単式簿記の決算の流れは高等小学校教科書と同じですが、高等小学校では仕

143　第3章　昭和初期の簿記教育

入帳、売上帳、日記帳、元帳と各帳簿の役割と記載方法に対して、中学校教科書では同じ章で短く取り扱われ、その後すぐに単式簿記の決算方法について学習させていました（増地 [1932] 29－35頁、吉田 [1934] 26－31頁）。

損益計算の方法について、増地は高等小学校教科書と同じく「商品売買の損益に関する事項は、仕入帳及び売上帳にその一部が記入され、更に営業費その他の損失に関する記入は、現金出納帳その他に散在していて、一々これを計算するのは容易でない」（増地 [1932] 34－35頁）と一応の説明を試みている一方、吉田は「〔単式簿記は―筆者〕純損益が如何なる原因で発生した由来を明かにし得ない」（吉田 [1934] 30－31頁）とそもそも単式簿記では損益の原因を明らかにすることが不可能であると断じています。

（3）帳簿と記帳

主要簿については財政状態および経営成績を明らかにするものとする一方で、補助簿は主要簿の記録を補うものとする点は両者ともに共通しており（増地 [1932] 87、91頁、吉田 [1934] 69頁）、これは高等小学校の教科書と同じです。吉田は補助簿を「補助帳簿」として包括して解説している（吉田 [1934] 71－72頁）一方、増地は補助簿を「補助記入帳」と「補助元帳」に分けてそれぞれ解説を行っています（増地 [1932] 93－94頁）。

資産、負債、資本の各勘定の繰り越しは英米式決算法を採用しており（増地 [1932]

126頁、吉田［1934］89頁）、高等小学校教科書同様、大陸式決算法は解説されていません。

決算書については損益計算書、貸借対照表、財産目録の3点をあげ、これも高等小学校教科書と同様です。

（4）商品勘定

商品勘定については、高等小学校教科書が総記法のみを説いているのに対して、中学校教科書は先述した総記法に加えて、商品を売り上げたさいに商品勘定を仕入れた原価で貸方記入して、借方記入した受け取った現金との差額を商品売買損益勘定で処理する**分記法**も併せて解説しています。この両法について増地は「商品を販売する毎にこのやうに仕入原価を調べ出して、これと売買損益とを分解して記入することは、多大の手数を要するばかりでなく、寧ろ不可能の場合が多い」（増地［1932］64頁）と述べています。また吉田も「売却の際一々仕入原価を求めることは、手数がかかり又困難である」（吉田［1934］53頁）として、両書とも総記法を支持しており、先入先出法等の商品受け払い計算の方法は戦前の教科書ではほとんど触れられず、この両書がまた今日の教科書と対照的であるといえます。

また仕入れた時には仕入勘定、売り上げた時には売上勘定を用い、資産としての商品は商品勘定を使用する**三分法**については、商品売買損益の計算について両書の説明にその手法の

145　第3章　昭和初期の簿記教育

違いが出ています。増地は商品残高勘定、商品仕入勘定、商品売上勘定の三勘定をもとに、
(A) 商品仕入高勘定で売上原価を計算させて、損益勘定で商品売買損益を計算する法と、
(B) 商品仕入高勘定で売上原価を計算させて、その売上原価を商品売上勘定の借方に転記し、さらに商品売上勘定で商品売買損益を損益勘定へ転記する法を解説しています（増地［1932］157－158頁）。

これに対して吉田は、商品棚卸勘定、仕入勘定、売上勘定をもとに、(A) 売買損益勘定を設けて、この勘定に三勘定を集計させて商品売買損益を計算した上で損益勘定へ転記する法と、(B) 商品仕入高勘定で売上原価を計算させて、その売上原価を商品売上勘定の借方に転記し、さらに商品売上勘定で商品売買損益を損益勘定へ転記する法を解説しており、前者を英国で一般的な方法、後者を米国で一般的な方法であるとしています（吉田［1934］145－147頁）。今日の教科書で三分法は、仕入勘定で売上原価を計算し、売上勘定と仕入勘定をそれぞれ損益勘定に転記する方法、つまり増地の (A) 法が一般的に解説されていますが、吉田はこの方法を解説していません。

Ⅲ　そして戦後へ

以上、本章では、昭和初期において高等小学校および中学校で講じられていた簿記教育の内容を、教育法規と教科書の内容を対象として説明してきました。そこでは、中学校の教科

書は高等小学校の教科書に比べて理論や簿記の用語に対する理解に重点がおかれた内容となっており、学校の就学者の年齢や学業程度に合わせた内容がそれぞれ講じられていた模様です。この後、戦後においては、新制中学校において1969（昭和44）年の学習指導要領まで簿記教育が行われました。

〈引用文献〉

安藤英義［2001］『簿記会計の研究』中央経済社。

増地庸治郎［1932］『中学商業教科書 簿記編 修正再版』東京開成館。

文部省［1937］『高等小学簿記教科書 第一学年児童用』大日本図書。

文部省［1938］『高等小学簿記教科書 第二学年児童用』大日本図書。

吉田良三［1934］『中等簿記教科書 修正再版』大日本図書。

第4章 新制中学の簿記教育

本章は、第二次大戦後の1947（昭和22）年に施行された学校教育法に基づく中等学校、いわゆる新制中学における簿記教育について述べます。新制中学における簿記教育は、1947（昭和22）年の学校教育法施行規則において、その必修科目および選択科目に「職業科」が設けられ、そのなかに「商業」の科目が設置されました。この商業科目の科目領域の1つとして、新制中学において簿記が講じられたのです。本章は、かつて新制中学の生徒に対して講じられた簿記教育について、文部省発行の『中学校学習指導要領』および各学習指導要領に準拠した教科書を対象にその内容を整理してみようと思います。

I 1947年 学習指導要領

1 学習指導要領職業科商業編

戦後における中学簿記教育の起こりは、1947（昭和22）年に発表された『学習指導要領職業科商業編』です。1947（昭和22）年学習指導要領は、職業科に工業・農業・水産・商業・家庭という5科目を設け、さらに『学習指導要領職業科商業編』は、商業科目を

148

「商業」と「簿記」の2科目から構成させていました。
簿記について、指導要領の第2章で、その目的として次のような5項目をあげています。

一 個人の家計、会社の会計、国家の財政などにおいて、簿記が必要であることを理解する。
二 簿記理論を理解し、その技能を体得して、記帳・計算・整理などの事務処理に当たって、それを合理的・能率的に処理する能力を養う。
三 あらゆる事業の経営や家計に当たって、過去の成績を批判・検討してそれを改善し、将来の方針をたてる能力を養う。
四 ものごとを処理するに当たって、綿密・細心に計画を立て、忍耐強く、しかも事実をありのままに記載し、整理する習慣をつける。
五 ものごとを迅速に、正確に、丁寧に処理し、今日の仕事を明日に延ばさない態度を養う。

これらは単なる簿記の技術習得ではなく、簿記の役割の理解や社会的生活態度の修養に重点をおいています。

2 『中学簿記』

次に、上述の1947（昭和22）年学習指導要領に準拠した教科書である実教出版発行の

『中学簿記』[1949] の内容について、その特徴点を整理したいと思います。

（1）複式簿記のしくみ

『中学簿記』ではまず現金出納を手はじめに、複式簿記の有意点を説明しています。現金の出納記録をどのように整理するのが良いか、単純な加減計算のメモと現金出納帳とを比較して、現金出納の歴史的記録を表にまとめることで管理しやすくなることを説明しています。さらに現金の増加・減少に対する理由を求め、これにより貸借記入による複式仕訳を導入し、さらにその貸借金額は一致するという貸借平均の原則も説かれています。しかし、借方・貸方の名称については「昔から、習慣として、左側を借方と呼び、右側を貸方と呼んでいる」(10頁) として借方・貸方の名称の歴史的経緯には触れず、単に簿記の左右を表すにすぎないものと解説しています。

（2）帳簿と記帳

仕訳から各帳簿にその内容を記録し、決算整理を行って決算書を作るまでの簿記一巡の手続きは、仕訳帳から総勘定元帳へと転記し、決算時に総勘定元帳を締め切ったうえで、合計試算表へ各勘定を集計して貸借対照表と損益計算書を作成する流れとなっています。また、補助簿については現金出納帳、売掛金元帳、買掛金元帳、商品有高帳、仕入帳、売上帳をあ

150

げ、補助簿の機能として主要簿の内容詳細を記録し、かつ主要簿の記録の正否を検査するものと解説しています（44頁）。

資産、負債、資本の各勘定の繰り越しにあたっては、総勘定元帳の**締切り方**について残高勘定を設けずに、各残高を次期繰越として直接繰り越す英米式決算法を採用しています。

損益計算書は費用を借方に、収益を貸方に分けて記載する**勘定式**という方法について取り扱っていますが、現在の教科書では売上原価勘定は借方に記録するのに対し、ここでは貸方の売上高の下に記載してその金額を差し引きし、商品売買益を記載しているのが特徴的です。

（3）取引の計上および勘定

取引の計上および勘定については、まず売掛金勘定と買掛金勘定は、『中学簿記』のはじめの方では売掛金や買掛金の勘定科目が用いられていますが、後半では得意先や仕入先の名称を勘定科目として用いる人名勘定をもっぱら用いています。

商品勘定計算については、商品を売り上げたさいに商品勘定を仕入れた原価で貸方記入して、借方記入した受け取った現金との差額を商品売買損益勘定で処理する分記法に統一されていて、仕入れた時には仕入勘定、売り上げた時には売上勘定を用い、資産としての商品は繰越商品勘定を使用する三分法は一切登場しません。

商品の受け払い記録については先入先出法等には触れず、問題演習では商品売上のさいに

151　第4章　新制中学の簿記教育

売上単価の横に括弧書きでその原価を記載し、さらに同一の商品が異なる原価で仕入れられ、売上のさいに販売原価を計算させるような問題は避けられています。したがって、商品有高帳を作成させるような問題は登場していません。

Ⅱ 1951年 学習指導要領

1 中学校学習指導要領職業・家庭科編（試案）改訂版

1951（昭和26）年の学習指導要領は、体系的な職業教育と能率的な学習計画を目的として、職業科5科目を職業・家庭科という1つの科目に、第1類から第4類として集約しました。商業は第3類とされ、簿記に相当するものとして経営記帳という項目が新たに設けられています。

職業・家庭科の学習目標は第一章第二節に「家庭および社会の一員として、その家庭や社会の発展のために力を合わせることの意義を自覚し、それに必要な知識・技能・態度を身につけ、みずからの能力に応じた分野を受け持って、その力を十分に発揮するようになることにある」と述べられています。

2 『都会の仕事』

次に、上述の1951（昭和26）年学習指導要領に準拠した教科書である実教出版発行の

『都会の仕事』［1951］の内容について、その特徴点を整理したいと思います。

（1）複式簿記のしくみ

複式簿記が登場するのは同書の2学年用の教科書です。2学年の教科書では「資産―負債＝資本」という**資本等式**の説明から入り、資本の純増減によって損益を説明しています（日本職業・家庭研究会［1951a］141－143頁）。仕訳については3学年から登場し、「世の中には、一方に物の動きがあって、他方にそれと逆にお金の動きがある」（日本職業・家庭研究会［1951b］144頁）としたうえで、簡単な現金仕入れを例にとって仕入れた商品とその交換対価となる現金が等価であるとし、借方に商品勘定とその価額、貸方に現金勘定とその価額を記入することによってその出入りを把握するために、複式記入するという複式簿記のしくみを説明しています。

また、「借方」と「貸方」の用語については「この借方・貸方という言葉は、他人との貸借関係を表すのに用いられている」（日本職業・家庭研究会［1951b］145頁）とし、ここで「借方」は、他人へ貸し付けた時には他人の返済義務を表す側を他人が借りている側、貸方は、逆に自分が借りている場合には自分の返済義務を表す側を他人が貸し付けている側という風に、「借方」と「貸方」の用語をその発生起源に触れて紹介しています。

(2) 帳簿と記帳

簿記一巡の手続きについては、2学年用においては補助簿から勘定集計表と試算表を経て貸借対照表と損益計算書を作成する流れとなっています。これは前述のとおり仕訳が3学年に初めて教育されるので、仕訳帳と総勘定元帳が説明できないためであると考えられます。

3学年用では、1947（昭和22）年学習指導要領準拠の『中学簿記』同様、仕訳帳から総勘定元帳へと転記し、決算時に総勘定元帳を締め切ったうえで、試算表へ各勘定を集計して貸借対照表と損益計算書を作成する流れには変わりがありません。また、1947（昭和22）年の商法改正以前であるため、財産目録も決算書の1つとしてあげられています。

補助簿については、現金出納帳、当座預金出納帳、仕入帳、売上帳、受取手形記入帳、支払手形記入帳を補助記入帳として、仕入先元帳、得意先元帳、商品有高帳を補助元帳としてあげ、その例示される補助簿の数が『中学簿記』に比べて増えています。補助簿の機能は主要簿の記入の不十分なところを補うとともに、主要簿の記録との照合によって帳簿記録の正確性を補うものとして解説されていました（日本職業・家庭研究会［1951b］135頁）。

資産、負債、資本の各勘定の繰り越しは、これも『中学簿記』と同様に英米式決算法を採用していますが、同じく1951（昭和26）年学習指導要領に準拠した教科書である実業之日本社発行の『標準都市職業・家庭 三年用』［1956］では、各勘定の残高を残高勘定

に集計する大陸式決算法での説明を行っており、英米式決算法はこれを補足的に扱っています。したがって、教科書上で資産、負債、資本の各勘定の繰り越しを英米式によるか大陸式によって教育するかについては、統一されていなかった模様です。

(3) 取引の計上および勘定

『中学簿記』では、売掛金や買掛金の勘定科目が中心でしたが、『都会の仕事』では人名勘定は登場しません。商品勘定計算については、やはり分記法による仕訳にのみ触れていますが、『都会の仕事』では人名勘定や仕入先の名称を勘定科目として用いる人名勘定が中心でしたが、『都会の仕事』では人名勘定は登場しません。商品勘定計算については、やはり分記法による仕訳にのみ触れていますが、2学年用の損益計算書の作成の項目で三分法を（日本職業・家庭研究会［1951a］156頁）、3学年用の棚卸表の作成の項目において、総記法についても簡単にその概要を示しています（日本職業・家庭研究会［1951b］166-167頁）。

Ⅲ　1957年　学習指導要領

1　中学校学習指導要領職業・家庭科編改訂版

1957（昭和32）年の学習指導要領は、職業・家庭科の5科目に職業指導を新たに含めて、第1群から第6群として再編しました。この内の第3群のなかで簿記の用語が復活し、簿記の教育目標および内容については第3章で「記帳」「財務諸表」「税務」の3項目に分け

て次のように解説しています。
一　記帳では、日常生活における経理の合理化のために必要な帳簿の重要性を理解させ、主としてそれらの帳簿に正確に記入する技能と態度とを身につけさせる。
二　財務諸表では、簿記の機構と原理の基本を理解させ、財務諸表を作成し、それに現れた傾向や特色を読み取る能力を養う。
三　税務では、一般的な税についてその大要を理解させるとともに、その計算に関する知識を得させる。

この1957（昭和32）年学習指導要領より税務が簿記の領域に含まれたことが1つの特色としてあげられますが、教育上の留意点として「税金については社会科などで学習するので、ここでは事業経営に関するものにつき、その大要を学習させるにとどめ」るように注意しています。教科書においても、税務は所得税と法人税、そして青色申告制度の簡単な概要に触れるにとどまり、実際の税務計算の学習は避けられています（全国職業教育協会［1958ｃ］123－126頁）。

2　『新編中学職業・家庭』
次に、上述の1957（昭和32）年学習指導要領に準拠した教科書である開隆堂出版発行の『新編中学職業・家庭』［1958］の内容について、その特徴点を整理したいと思います。

（1）複式簿記のしくみ

複式簿記が登場するのは同書の3学年用の教科書です。『都会の仕事』同様、資本等式の説明からはじめ、資産から負債を差し引いた資本の純増減が損益であり、これら財産と資本の増減を生じさせるものが取引であって、2つ以上の項目を互いに対立して結合するとして（取引の二重性）、対立する勘定を複式記入すると説明しています（全国職業教育協会［1958b］101-102頁）。

「借方」と「貸方」の用語については「勘定には増加と減少の両方面の記入が必要であるから、勘定の形式は金額欄を二つに分け、一方に増加を、他方に減少をできるように工夫されている。……その左側を借方、右側を貸方とよんでいる」（全国職業教育協会［1958b］104頁）と述べるにとどめています。

（2）帳簿と記帳

2学年用では、補助簿として現金出納帳、仕入帳、買掛金元帳、売上帳、売掛金元帳、商品有高帳を説明しています。また、補助簿の機能について、3学年用の教科書で主要簿の明細記入のためであると説明しています。

決算については、まず2学年用では補助簿を締め切り、棚卸表と財産目録を作成し、貸借対照表と損益計算書を作成する流れとなっています。決算書ははじめに財産目録を作成し、

この結果に基づいて貸借対照表を作成し、最終的に損益計算書の純利益と貸借対照表の純利益は一致しなければならないとしています（全国職業教育協会［1958a］135頁）。

3学年用では、複式簿記の説明をしているので、仕訳帳と総勘定元帳が登場し、主要簿と補助簿を締め切り、これを試算表に集計して勘定記入の正否を調べ、そのうえで決算書を作成するとしています。各決算書については3学年用の教科書には登場しません。また、資産、負債、資本の各勘定の繰り越しは、英米式決算法を採用しています。

（3）取引の計上および勘定

商品勘定計算について、ここでは「商品勘定は、借方に仕入高を仕入原価で記入し、貸方に売上高を売価、すなわち仕入原価に販売利益を加えた価格で記入する」（全国職業教育協会［1958b］113頁）というように総記法による仕訳を行っています。したがって、期末実地棚卸に基づいてその期の売上原価を求め、商品勘定の貸方総額との差額を商品勘定から販売益勘定へ転記するという流れになっていて、前述の教科書との特異点といえます。

Ⅳ 1958年 学習指導要領

1 中学校学習指導要領改訂版

1958（昭和33）年の学習指導要領は、1951（昭和26）年以来、職業・家庭科のな

かに内包していた5科目を再び独立した科目とする一方、これらを外国語と共に選択教科とし、必修科目としては技術・家庭科が新設されました。これは商業科目を含めた職業科目が、中学を卒業して就職する生徒のみを対象にするようになった時代背景があるのではないかと推測されます。選択科目としての商業科目では、「簿記」の名称が「経理」に代わり、その教育目標は第二節に「簿記の基礎的な知識、技能を習得させ、経理を明確に処理する能力と態度を養う」としていて、以前の学習指導要領と比べると、技能の習得に重点がおかれはじめています。

2 『中学商業B 経理』

次に、上述の1958（昭和33）年学習指導要領に準拠した教科書である実教出版発行の『中学商業B 経理』[1962]の内容について、その特徴点を整理したいと思います。

（1）複式簿記のしくみ

簿記上の取引について、『中学商業B 経理』は（1）金額で表せ、（2）資産・負債・資本の増減変化または損益の発生に結びつく営業活動であると説明します。これらの取引を取引の8要素に分解し、勘定間の対立と結合（取引の二重性）関係を表現するために複式記入するとします（21-22頁）。しかし、「借方」と「貸方」の用語については、「勘定口座の左

側を借方、右側を貸方とよんでいる」(12頁) として、何ら説明は行われていません。

(2) 帳簿と記帳

簿記一巡の手続きについては、まずは現金取引によって現金出納帳の説明からはじめ、その後、現金以外の財産の取引により貸借対照表を、損益取引により損益計算書を説明していき、主要簿や補助簿は仕訳の解説を行ってから学習させる構図となっています。

決算については、主要簿を締め切ったうえで試算表を作成し、貸借対照表と損益計算書を作成する流れとなっています。なお、この教科書には決算書として財産目録は登場しません。

この点について、この教科書の監修者の1人である太田哲三が、同時期に刊行した社会人・大学生向けの学習書『簿記の研究』においても、当時商法上では作成が要求されていたにもかかわらず、財産目録について企業会計原則でその作成を要求されなくなったことと、1962 (昭和37) 年商法改正によって定時株主総会の承認の必要がなくなったことを理由に、その作成方法に触れていないことを鑑みると (太田 [1970] 242頁)、中学簿記の教科書に財産目録が登場しないのは、すでにこの当時、財産目録の立場が後退していたことを意味しているものと推測されます。

また、資産、負債、資本の各勘定の繰り越しは英米式決算法によっています。本教科書で

160

は、「進んだ学習」で精算表が登場します。精算表の役割は「決算の手続きをあらかじめ見当をつけるために、貸借対照表や損益計算書が一表のうえで作られたものが精算表である」（84頁）と述べています。

(3) 取引の計上および勘定

商品勘定計算については、本教科書は「決算の仕方」の項目を、主要簿の学習を行った後の(1)と、補助簿の学習を行った後の(2)に分けています。この(1)と(2)は、商品勘定計算の方法として前者は分記法によっている(38頁)のに対し、後者では総記法によって決算を行っています(68－69頁)。また「進んだ学習」において三分法による仕訳の方法も解説し、商品の売上・仕入の損益計算を簡単に行う方法として紹介していました(80－83頁)。

Ⅴ 1969年 学習指導要領

1 中学校学習指導要領

1969（昭和44）年の学習指導要領においても商業科目は選択科目の1つとして位置づけられ、そのなかに「経理」の項目を設けています。

「経理」の教育目標については、第二節第二で「経理に関する基礎的な知識を習得させ、

これを日常生活や職業生活に役立てる能力と態度を養う」として、教育目標の内容は1958（昭和33）年学習指導要領と変わりません。

しかし、その教育内容は、（1）金銭収支の記録、（2）貸借の記録、（3）収支予算、（4）決算報告書の見方の各項目をあげ、1957（昭和32）年の学習指導要領と比較すると、簿記一巡の手続きや帳簿と記帳に対する教育が後退し、さらに税務は「税務についても触れる」程度の扱いとなっています。代わって収支記録が全体的に重視され、金銭収支記録と収支予算がそれぞれ独立した項目としての扱いとなっているのが特徴的です。また、「貸借の記録」も後述するように複式簿記における貸借記入のことではなく、貸し付け・借り入れに関する記録を取り扱っていました。決算書についても、これまで作成に重点がおかれていたものが見方へと重点が移行し、いままで具体的な項目には示されていなかった財産目録が新たに含まれるようになりました。

その後、1977（昭和52）年『中学校学習指導要領』で農業・工業・水産・商業の各科目が廃され、以降、中学校で簿記が教育されることがなくなっていきます。

2　『中学商業』

次に、上述の1969（昭和44）年学習指導要領に準拠した教科書である実教出版発行の『中学商業』［1972］の内容について、その特徴点を整理したいと思います。

162

（1）複式簿記のしくみ

複式簿記の取り扱いについて、「資産ー負債＝資本」の資本等式と「資産＝負債＋資本」の**貸借対照表等式**について触れるのみで、「借方」と「貸方」の用語は出てこないうえ、仕訳すら一切登場しない内容となっています。貸借対照表と損益計算書は一応勘定式で示されているものの、勘定科目の結合関係などはまったく触れられていません（117－118頁）。また、「貸借の記録」と題する項目がありますが、これは複式簿記における貸借記入のことではなく、借入金と貸付金の出入記録を借入金一覧表、貸付金一覧表で管理する方法を説いています（103－105頁）。

（2）帳簿と記帳

帳簿と記帳については、主要簿への記帳練習はすべて省かれています。前述の教科書からはかろうじて現金出納帳の記録方法のみが引き継がれていますが、その内容は営業取引を前提としたものではなく、複式簿記との関わりがここでも断たれています。
貸借対照表と損益計算書については、これまでの教科書がその作成方法を教育していたのに対し、ここでは見方や分析の仕方を教育しています。資産、負債、資本、収益、費用の内容を簡単に紹介し、資本等式と貸借対照表等式について触れているにとどめています（116頁）。

また、貸借対照表については**流動性配列法**、損益計算書については売上総利益率や当期純利益率など財務諸表のそれぞれの見方や、分析の仕方を説明しています（118－120頁）。

Ⅵ　中学簿記教育の意義と特徴

本章は、1947（昭和22）年から1969（昭和44）年にわたる学習指導要領およびそれに準拠した教科書の内容を追って、新制中学における簿記教育の変遷を追ってきました。

新制中学の簿記教育では、仕訳解法の計算技術よりも、帳簿への記入の仕方や各帳簿の役割の理解に重点がおかれていました。これは、中学簿記が検定試験を前提とした計算解法教育ではなく、中学生に対して簿記の機能と役割について徹底的に教育しようとする姿勢の表れではないかと考えられます。それゆえ、中学生に対してどのように会計の用語と意味を理解させるかについての苦悩が垣間みえます。

1977（昭和52）年学習指導要領以降、中学生に対して簿記が教育されなくなったのは、高校進学率との関係が推測されます。当初中学生に対する基礎教養として簿記が講じられていたものが、その後徐々に技能重視へと変化し、やがて中学教科から姿を消してしまったのです。

〈引用文献〉

太田哲三［1970］『簿記の研究』旺文社。
太田哲三・糸魚川祐三郎・深見義一監修［1962］『実教 中学商業B経理』実教出版。
全国職業教育協会［1958a］『新編 中学職業・家庭 2』開隆堂書店。
全国職業教育協会［1958b］『新編 中学職業・家庭 3』開隆堂書店。
日本職業・家庭研究会［1951a］『都会の仕事 2』実教出版。
日本職業・家庭研究会［1951b］『都会の仕事 3』実教出版。
日本職業指導協会［1956］『標準都市職業・家庭 3年用』実業之日本社。
福井照重・田口忠雄・川城一郎［1972］『中学商業』実教出版。
文部省［1949］『中学簿記』実教出版。

第3部 簿記教育のいま

第1章 商業高校の簿記教育

わが国の六・三・三・四制による教育制度のなかで、現在、最初に簿記教育を行っているのは高等学校です。現在、高等学校には設置する学科によって「普通教育を主とする学科、専門教育を主とする学科、普通教育及び専門教育を選択履修を旨として総合的に施す学科」（高等学校設置基準第五条）があり、普通高校、専門高校、総合高校といわれています。

このなかで簿記教育を行っているのは、一部の普通高校と総合高校、そして専門高校の1つである商業高校です。普通高校や総合高校が簿記を選択科目として扱っているのに対して、商業高校では必修科目のように扱い、多くの時間をあてて簿記教育を行っています。

そこで、本章では、わが国の簿記教育の現状を明らかにする方法の1つとして、商業高校の簿記教育に視点をあて、そのはじまりから今日までをみていくことにします。

167

Ⅰ 高等学校における簿記教育のはじまり

1 新制高等学校での普通教育と専門教育

1947（昭和22）年、教育基本法および学校教育法が公布・施行され新制高等学校が発足しました。高等学校の目的は学校教育法に定められ、そのなかに「普通教育及び専門教育を施すことを目的とする」という文言があり、この「及び」に大きな意味が込められました。

それ以前の中等教育制度では、普通教育は男子を対象として旧制中学校で、女子は高等女学校で、農業・商業・工業といった実業教育は実業学校で行うというように、普通教育と実業教育を学校間で明確に分担させていたものを、1つの新制高等学校で普通教育と専門教育を併せて施すことをこの学校教育法が目指していたからです。

2 専門教育としての簿記教育

新制高等学校の簿記教育の整備は、1947（昭和22）年の文部省学校教育局長通達「新制高等学校の教科課程に関する件」に、実業教科として農業・工業・商業・水産・家庭が示され、その実業教科商業の科目の1つに「簿記会計」が入れられたことからはじまります。

1948（昭和23）年の文部省学校教育局長通達「新制高等学校教科課程の改正について」では、普通教科の教科課程表が示されましたが、実業教科は「実業に関する教科については

168

後に通達する。……詳細は、その解説書について御了承願いたい」と先送りされました。

翌年の1949（昭和24）年、文部省学校教育局長通達「新制高等学校教科課程中職業教科の改正について」で、教科「商業」の科目と単位数などが示されました。2単位から5単位配当の科目として文書実務、商業実践、珠算および商業計算、タイプライティング、速記、統計調査、貿易実務、商業実践、金融、経営、法規が示され、商業経済は3単位から10単位、「簿記会計」は2単位から15単位、商業外国語は5単位から15単位、ほかに商業に関するその他の科目が示されました。これらの科目の履修は、原則、選択で、教科「商業」の必修単位数は30単位とされ、簿記教育の大枠も定まりました。

そして1950（昭和25）年、『高等学校学習指導要領商業科編試案』（文部省［1950］）によって、商業教育の一般目標などとともに、科目「簿記会計」の目標や内容、指導上の留意点などが詳しく示され、商業高校で行う専門としての簿記教育の制度上の大枠が整いました。

3　最初の学習指導要領の意義

高等学校の教科指導は、最初に学習指導要領によって教科とその目標、科目とその大まかな内容が示され、次に解説書によって科目の詳細な内容、指導手順、指導方法や留意点などが示されます。これに沿って教科書が作られ、そして具体的な指導が開始されます。

169　第1章　商業高校の簿記教育

II 当初の簿記教育が目指したこと

『高等学校学習指導要領商業科編試案』（以下、「試案」といいます）は、新制高等学校に設定された教科商業の、最初の学習指導要領になります。さらにこれは解説書も兼ねていました。それは1948（昭和23）年の通達にある「解説書」がこの「試案」をさすものであり、さらに「試案」のまえがきに「この学習指導要領は、高等学校商業科の教師が実際に生徒の学習を指導する場合に、具体的な計画を作成するための参考となるように書かれたもので……」（文部省［1950］前書1頁）という一文があり、後に学習指導要領の解説として出される学習指導要領解説商業編（以下、「解説商業編」といいます）のなかにみられる「参考」という語句がここで同様に使われているからです。

「試案」は、最初の学習指導要領と解説書であるだけに、その後の高校簿記教育のあり方を決定づける役割を担うことになります。さらにこの編修諸氏の筆頭に沼田嘉穂の名があることも留意すべきでしょう。なぜなら、沼田はこの簿記教育導入期に「試案」のほかに後述する多くの重要な働きをして、今もその影響力を発揮しているからです。

1 「試案」における科目「簿記会計」
（1）科目「簿記会計」の目標と内容
「試案」では、「簿記会計」の目標を図表1－1に示すように、実務に役立てることは当然

図表1－1　「試案」第一章　簿記会計　第一　目標

一　経営活動を金額によって記録し，計算し，整理する技能を養う。
二　簿記の原理と知識とを習得し，これを実地に応用する能力を養う。
三　数字を基礎として，経営活動を正確・明瞭に処理する態度・習慣を養う。
四　会計書類を読んで理解することのできる能力を養う。
五　会計の基礎的な理論と，監査の基礎的な知識とを習得する。
六　日常生活に簿記の知識・技能を応用する態度・習慣を養う。

ながら、これに限定せず、日常生活にまで簿記会計の知識・技能を役立てることを目指していました。簿記本来の多様な有用性からも、この点は特に留意すべきことです。

「試案」で示す「簿記会計」科目の構成は5つの部からなります。第一部が「簿記の基本原理と商業簿記」、第二部は銀行簿記、第三部は原価計算と工業簿記、第四部は会計学、第五部は英文簿記で、これらを1つにまとめ、科目「簿記会計」としていたのです。

各部の概要は単元で示してありますが、ここでは第一部だけを図表1－2に示します。

ここに共通にみられるのは、「記帳」についてです。第二部や第三部でも同じようにみられることで、「記帳」が高校簿記教育のもっとも大きな特徴といえるでしょう。

171　第1章　商業高校の簿記教育

図表1－2 「試案」第一三章 第二 単元の例 第一部 簿記の基本原理と商業簿記

単元一 帳簿はどのように記入するか。
単元二 小規模で取引の簡単な事業では，どのような記帳が行われるか。
単元三 商品売買業では，どのような記帳が行われるか。
単元四 企業の形態と規模の相違によって，どのように記帳の方法が異なるか。

（2）「簿記会計」の指導上の要点

「試案」には，学習指導上の要点が示されているので，いくつかを取り上げてみます。

「一……従来、わが国社会の一般風潮として簿記会計の知識が、あまり普及していなかったことが、経済の再建・発展をどのくらい鈍らせているかは、測り知れないほどであろう。……経営活動を数字的に曖昧にしておいてはその目的は達せられないから、経理を、正確・明瞭に処理する態度や習慣を養うことはきわめて大切なことである。

また、経理事務担当者としての資質を養うばかりでなく、経営者として、監督者として、あるいは、一般投資家として、経理を理解することも、この科目の目標とするところである。

さらに一般社会生活においても、およそ金銭出納の行われる場合に、この科目で学習される簿記の知識や技能を応用して、正確・明瞭に、それを処理して行く態度・習慣を養うことも、大いに必要である。」（文部省［1950］108－109頁）

ここには簿記教育に広範な対象があることと目標が書かれていますが、目標はいまだに達成されておらず、これを実現することが簿記教育者に与えられた課題でしょう。

「二　この科目の学習には、理論の理解と技術の錬磨との両方が必要である。高等学校の段階においては、……記帳練習を中心としていくのがよい。特に、初歩の基本的部分については、このことが大切である。

この科目は……習得した知識や技能が、実務について、活用できるように学習されなければならない。したがって、この科目の指導にあたっては、常に、実務に役立つように研究し、工夫することが必要である。」（文部省［1950］109頁）

ここに、今日に通じる簿記教育の課題が2つ示されています。1つは知識と技能の比重についてです。学習指導要領の改訂はほぼ10年間隔で行われるため、少なくとも十数年先の社会状況を見据えてそれに対応する目標や留意点を示さなければなりません。つまり「試案」は、1965（昭和40）年頃までの高校生を取り巻く社会状況を予見して示しているはずです。

実際に当時の産業界では、記帳処理をほとんど手作業で行っていたため事務系の人材を多く求めており、多くの高校生が就職していた時代です。したがって、実務ですぐに役立つ記帳を中心に指導し、技能に重点をおいたのも当然なことだったのです。しかし、現在は違います。記帳処理のほとんどをコンピュータが行う時代だからです。

もう一つは「この科目の指導にあたっては、常に、実務に役立つように研究し、工夫することが必要である」ということで、複式簿記が書物に著されて500年以上過ぎた今日まで、簿記は産業界からの要請を時代のものととらえて、それに応え進化を続けてきました。しかし、今日の時代は、官公庁や非営利法人など産業界以外から、さらに、一般社会人としての個人からも簿記の役立ちへの期待が寄せられています。実務への役立ちを広くとらえるならば、今は、簿記の広範な役立ちの研究が求められているようです。

ところで、第一部に関する学習指導上の要点のなかに、第一部の名称を「簿記の基本原理」と「商業簿記」にあえて分けたねらいが次のように書かれています。

「サービス業を対象として、複式簿記の基本原理、たとえば、借方・貸方の記入の原則や、決算の手続きなどを、理解して行くという方法を採っている。その理由は、……商品売買業に比較して記帳が簡単であること、また、その結果として、決算整理を省いて、帳簿決算を行うことができることなど、初歩の段階としては、利点が多いことによるのである。サービス業を対象とした学習によって、複式簿記の一巡の理解をひとまず得たところで、商品売買業の簿記に移る。」（文部省［1950］114頁）

ここには、はじめに複式簿記の基本原理を理解させ、続いて記帳技術を習得させるという指導の手順が示されており、学ぶ者に対する配慮と工夫が示されています。

174

2 高校簿記教科書『沼田商業簿記』

1951（昭和26）年11月、沼田による高校簿記教科書『沼田商業簿記』が出版されました。その内容は「試案」に沿う構成になっています。教科書のまえがきに「本書では、複式簿記の原理・原則を平易・丁寧に説明し、できるだけ容易に理解できるように仕組んである」（沼田［1951］1頁）とあります。そして、複式簿記の原理・原則を理解するためだけに、サービス業を対象に約80ページを使い、略式の帳簿に日付と金額だけを記入する方法で記帳を簡略化し、基本原理から決算までの簿記一巡の手続きを説明しています。

沼田は、記帳技能がもっとも求められる時代の只中でも、もっとも基本となる複式簿記の原理・原則の理解をなによりも優先させていた証拠が、この教科書に残っているのです。なぜなら指導内容と方法を規定する「解説商業編」が、ほぼ最初から正式な仕訳帳と総勘定元帳に相手科目も含めて詳細に記帳することを求め、記帳技能習得を最優先にしているからです。それは、わが国の簿記教育界に、簿記の基本原理さえも記帳の反復練習で体得すべきだという考え方が根強くあって、ほとんど定説化しているという背景があるからでしょう。

実は、その源泉を沼田のこの教科書のまえがき後半にみつけることができます。「商業簿記は……理解したことが実務における記帳に役立たなければならない。そのためには、記帳練習を通じて、記帳の技能を体得することが必要である」（沼田［1951］2頁）とあり

175　第1章　商業高校の簿記教育

ます。これは当時としては当然なことです。しかし、それを今なお続けることが問題なのです。IT化社会にある今日、体得すべき技能などはほとんどないからです。

3 簿記実務検定試験

学習指導要領と同じ程度に高校の簿記教育に常に強い影響力を発揮しているのが、1952（昭和27）年2月に開始された財団法人全国商業高等学校協会主催の簿記実務検定試験です。この検定は簿記を学ぶ全国の高校生を対象とするもので、検定の目的について、「……生徒の簿記に対する興味と関心を高め、学習意欲を旺盛ならしめ、簿記による記帳、計算技能を基盤として、計数的事務の処理能力と経営を合理的、計数的に把握する能力とを増進することにある……」（山田［1952］8頁）と当時の協会会報に書いています。

また、同年の同じ会報に、沼田は、「簿記実務検定試験について　高等学校生徒諸君に告ぐ」という題で、簿記が事務家にとってもっとも重要な知識才幹の1つであるから、簿記を実務的に役立てるために技能の体得が必要であり、体得は訓練によってのみ得られる、と説いてこの検定試験に合格することを大いに奨励しています。

この検定は、簿記「実務」検定試験とあるように実務で役立つ簿記教育を目指しており、当時の社会的要請に大いに貢献したようです。

この検定には商業科の生徒に限らず、簿記を学ぶ高校生のほとんどが受験するという状況

が今も続き、高校簿記教育はこの検定試験抜きに考えられない状況にあります。つまり、学習指導要領と指導要領とこれに準拠して問題が作成されるこの検定試験が一体となって高校簿記教育の方向性と指導法を定め、推進しているといえるのです。

Ⅲ その後の簿記教育

1 高校簿記教育に関連する数値の推移

ここでは、高校簿記教育に関係する1955（昭和30）年から2009（平成21）年までの数値を図表1－3で示し、その推移を概観してみます。

商業科生徒数は、全日制・定時制の1年生から3年生までの商業科在籍者数、人数の単位は1千名、1千名未満は四捨五入しています。商業科生徒率は、高校生徒数に占める商業科生徒数の割合で、％の小数第2位を四捨五入しています。検定受験者数は各年度に簿記実務検定試験を受験した生徒数、高校生就職率は各年3月に卒業した全日・定時の高校生数に占める就職者数の割合、事務従事者の割合です。卒業者数と就職者数および事務従事者数は高校の全日制・定時制の合計数であり、3月末のもので す。検定試験は2004（平成16）年までは年1回、以後は年2回となりその合計です。

この図表1－3から、1965（昭和40）年は高校生就職率を除くすべてが最高値を示し、2009（平成21）年ではすべてが最低値になっていることがわかります。商業科生徒数は

図表1－3　商業科生徒数，商業科生徒率，検定受験者数，事務従事者数など

西　暦	'55	'60	'65	'70	'75	'80	'85	'90	'95	'00	'05	'09
商業科生徒数	367	532	857	692	626	579	582	583	450	353	261	223
商業科生徒率	14.2	16.4	16.9	16.4	14.4	12.5	11.2	10.4	9.5	8.5	7.2	6.7
検定受験者数	294	503	862	681	579	596	599	588	474	334	324	278
高校生就職率	47.6	61.3	60.4	58.2	44.6	42.9	41.4	35.2	25.6	18.1	17.4	18.2
事務従事者数	114	224	285	280	232	204	156	175	71	32	24	22
事務従事者率	33.5	39.0	40.7	34.3	39.1	34.1	27.6	28.2	17.4	12.8	11.4	11.2

出所：文部省学校基本調査［1955年から2005年］，文部科学統計要覧［2009年］，全国商業高等学校協会検定関係資料［1951年から2009年］をもとに筆者が作成。

85万7千名からその約4分の1に，商業科生徒率は16・9％から約5分の2に，当検定受験者数は86万2千名がその約3分の1に減少しています。

1965（昭和40）年で特に注目すべきは事務従事者数28万5千名と事務従事者率40・7％という驚くべき数値です。就職する高校生100名のうち約41名が事務従事者になっていたということで，事務処理を行う人材を多く求めた当時の状況を物語っています。

ところが，2009（平成21）年では事務従事者は約13分の1の2万2千名にまで激減しています。これは，全国の高卒者のうち2万2千名だけが簿記の記帳技能をいかせる可能性のある職種につけたということで，当検定試験受験者約28万名のうちのわずかなものだけが高卒で実務に役立てられるという簿記教育の成果の悲惨な現状を示しているのです。

今日の産業界では記帳重視の簿記教育をほとんど求めておらず，記帳重視を続ける高校簿記教育に重大な課題

をこれらの数値は提示しているとみるべきでしょう。

今日の教育現場では、すでにこの現状を認識し、簿記の役立ちを実務に生かすことをほぼ断念しており、簿記検定に合格することを実際的な目標としているようです。つまり、今日のほとんどの簿記学習は、簿記実務検定試験に合格するために行い、合格証書を進学や就職のさいの資格として役立てるという活用法に変わってしまっているのです。

そのため、学習の当初から検定合格を目標に指導を行い、合格による成功体験と達成する喜びを感じさせ、さらに学ぶ意欲をもたせるという学習手段として簿記教育を行っているのです。そこには簿記そのものを役立てるという発想は、残念ながらないのです。

なお、図表1－3の数値にみられる多くの減少傾向は今後も続くと予想されています。

2　学習指導要領の改訂

学習指導要領の最初の改訂は1956（昭和31）年に行われ、簿記関係科目は「商業簿記」「銀行簿記」「工業簿記」「会計」の4科目になりました。「試案」にあった「この科目は、……一般教養として学習されるのに適当な内容を含むものである」（文部省［1956］24頁）という指導上の留意点は、科目「商業簿記」に引き継がれ1970（昭和45）年まで残ります。

学習指導要領の改訂は、1956（昭和31）年を含めて2009（平成21）年まで7回行われました。改訂では、指導内容を他の科目に移すことや追加・削除することもあり、その

たびに科目の名称を変更し、また、新しい内容を含めた新科目が設定されることもあれば、逆に前回まで指導していた科目が廃されることもあり、めまぐるしい変化を続けています。

そこで、改訂の推移を確認する方法として、1956（昭和31）年改訂の「商業簿記」「銀行簿記」「工業簿記」「会計」を便宜上基本的な4科目とみなして、この4科目の名称変更は度外視して、新たに設定された科目と廃された科目に焦点を絞り、このほかに特筆すべき改訂事項を中心に取り上げてみていくことにします。

1970（昭和45）年の改訂では、「機械簿記」「税務会計」「経理実践」を新設して、科目を細分化する方法で専門性を強めています。そのため、専門性と対極にある「教養としての簿記の必要性」を説く一文はこの改訂で削除され、復活することなく今日に至っています。

この時期以降、進学希望者の増加と就職希望者の減少、そして事務系の求人が大学・短大卒へと移る傾向がみられ、高校生に一層の専門性を求めたとみられます。

1978（昭和53）年の改訂では、従来からあった「銀行簿記」と、前回改訂で新設された「機械簿記」と「経理実践」が廃され、前回のいきすぎた細分化を見直しています。この時期、銀行などの金融機関では事務処理のOA化が進み、事務処理能力よりも接客対応能力などを求める傾向が強まり、大学・短大に人材を求めるようになります。

この改訂では、簿記の指導目標に、「商品売買業における取引を……」（文部省［1978］115頁）と明記し、高校簿記の学習対象を商品売買業に限定してしまいました。その結果、

これ以降、高校の商業簿記の対象からサービス業は排除されてしまいます。

1999（平成11）年の改訂では、「税務会計」が新設された「会計実務」に吸収されて廃されました。この改訂で特筆すべきことは、そろばんを使って計算能力を育成する科目「計算事務」が廃されたことです。明治時代から「読み、書き、そろばん」といわれてすべての国民がもつべき能力とされ、簿記とならぶ商業教育の大黒柱の1つであったそろばん教育、その科目が廃されたのです。確かにこの時期は、電卓やパソコンが世に出回り、技術がなくても誰でも簡単に計算ができるようになり、実務界からそろばんが消えていった時代です。

2009（平成21）年の改訂では、「管理会計」という科目が新設されました。この科目の目標は「管理会計に関する知識と技術を習得させ、経営戦略の重要性について理解させるとともに、経営管理に必要な情報を活用する能力と態度を育てる」（文部科学省［2009］446頁）とあります。内容は、簿記検定で最上位級の範囲に指定されています。「会計実務」にかわる「財務会計Ⅱ」という科目にも、最上位級の内容が追加されています。この改訂では、検定で高度とされる項目を多く設置して、内容の高度化と専門化を図っているようです。

「管理会計」を新設したもっとも大きな簿記教育上の意義は、この科目には未来に関わる領域と内容が多く含まれており、それを高校生に提示することにあります。これまでの高校での簿記の内容は、過去と現在に限られ、未来との関わりはほとんどありませんでした。ようやく、この科目で、意思決定会計など未来に関する内容が示され、「簿記は未来をも対象

にしている」ということを知ることになります。高校生にとって簿記を通して未来をみることは画期的な体験になるはずです。

ところで、この改訂では指導者と学習者の能力および時間の不足が懸念されています。これまでと比較して内容が高度で範囲も広がったため、「管理会計」や「財務会計Ⅱ」まで到達するのは困難だろうというのです。これまでのような記帳技能の習得に重点をおく指導では時間がまったく不足するからです。これをどう解決するのかが最大の課題になっているようです。

3 高校での簿記教育の課題

ここまでの確認で、当初の商業高校における簿記教育は、時代の要請に十分に応えていたことがわかりました。しかし、現在は、指導の重点や指導法がほぼ当初のままであるため、急速な社会の変化に対応できず、現代の要請にほとんど応えていないようです。そこで、簿記教育がこれからの時代に対応し、簿記教育の成果を経済社会全体のなかで広く役立てるために、何が課題で、何をしなければならないかを最後に考えてみます。

改めるべきことの第一は、記帳技能を重視する指導であり、そこから生まれた指導法、つまり記帳の反復練習を通して簿記の原理までも体得させるという指導法です。

「試案」の時代には、腕貫の手にそろばんと浸けペンを持って手作業で帳簿の記入を行っ

ていましたが、今は、そろばんや浸けペンをみることもありません。かつて、そろばんの技術を主目標として商業教育の柱の1つであった珠算教育は、電卓の登場などによって社会的要請が激減して、教育そのものが終わりを迎えつつあるようです。このことが高校簿記教育にも起こりつつあるとみるのは間違いでしょうか。記帳技能を重視する時代はすでに終わっているのです。このことに歴史が審判を下す前に気づくべきです。

第二は、簿記の役立ちを限定する教育のあり方、つまり学習対象を企業に限定し、さらに簿記のおもな役立ちを会計情報の作成者側におく限定的な簿記のとらえ方です。確かに、簿記は、企業の発展とともに発達してきましたから、企業と切り離して考えることはできません。また、企業内で会計事務を行って決算書を作成する、それがこれまでの簿記のおもな役立ちでした。しかし、今日ではそれが変わりつつあるのです。

一般の社会人や家庭人が記帳処理ではない別な簿記の役立ちに気づき、その役立ちを求めているようです。その役立ちは、会計情報を読み取ることや意思決定のために会計情報を活用すること、そして複式簿記の考え方を応用することなどです。それは、一般読者向けのいわゆる会計本の売れ行きから十分に推察できることです。

今日、複式簿記は経済社会全体に浸透しつつあります。官公庁をはじめ病院、学校、財団法人、その他の非営利法人など、ほとんどすべての経済組織が適正な会計処理を行うために複式簿記の導入を進めています。これを簿記教育導入当初に想像できたでしょうか。

これからは、さらに多面的で実際的な簿記の役立ちへの要請が広がることでしょう。それが時代の要請ならば、簿記教育はそれに応えなければなりません。

その方策は、たとえば、いかなる経済主体にも応用できる複式簿記の基本原理としくみと機能を、また、目的に応じた会計情報の活用法や簿記に関する知識や考え方を応用した役立て方を広く啓蒙する、新たな簿記教育をすべての高校生に施すのです。

商業高校で行う専門の簿記教育は、不要なことを排除して足早に指導できるように改善する一方、普通科などすべての高校生には教養としての簿記教育を行うのです。これからの時代のために、新たな高校簿記教育を行うべき転換期を今、迎えているのです。

〈引用文献〉

沼田嘉穂［1951］『沼田商業簿記』実教出版。

沼田嘉穂［1952］「簿記実務検定試験について　高等学校生徒諸君に告ぐ」『全国商業高等学校長協会会報』第7号。

文部省［1950］「高等学校学習指導要領商業科編試案」。

文部省［1956］「高等学校学習指導要領　商業科編　昭和三一年度改訂版」。

文部省［1978］「高等学校学習指導要領」。

文部科学省［2009］「高等学校学習指導要領」。

山田文雄［1952］「実務検定について」『全国商業高等学校長協会会報』第7号。

184

第2章 米国における現在の簿記テキスト

本章では、現在、米国で多く読まれている簿記テキストを取り上げ、専門家以外の人々に対して、簿記の役立ちやしくみがどのように伝えられているのか、つまり、どのような考え方に基づいて、書籍を通じた簿記教育が展開されているのかをみていきます。

本書は、『教養としての簿記』をテーマとし、簿記・会計関連の職業に就いている（あるいは就こうとしている）専門家への簿記教育は対象としていません。そのため、本章において取り上げる簿記テキストも専門家以外の人々を対象としたテキストに限定します。

I Accounting 書籍と Bookkeeping 書籍

簿記の役立ちやしくみを伝える場合、次の2つのアプローチがあると思います。

（1）ある目的を明示し、それを達成する手段の1つとして簿記を取り上げるアプローチ
（2）簿記という道具があり、それを使ったらどのようなことが可能になるのかという視点から簿記を取り上げるアプローチ

（1）のアプローチでは、簿記は、会計目的を達成するための手段として取り扱われることになります。つまり、現代社会では、さまざまな目的のために、貸借対照表や損益計算書等の決算書を作成することが必要であり、その目的を達成する（決算書を作成する）ための手段の1つとして簿記が取り扱われるわけです。あくまでも、簿記は「必ずしも会計に必要なものではない」ための手段の1つにすぎず、著者のなかには、簿記は「必ずしも会計に必要なものではない」(Tracy [2008] p.54) と思いきった主張を行う人もいます。

しかし、ルカパチョーリ以来、簿記がその基本原理を変えないまま500年以上続いてきたことを考えると、簿記が会計目的を達成するための最良の手段であることに疑いの余地はないと思います。つまり、「簿記は会計プロセスの重要な一部」(Label [2006] p.5) であり、「簿記は、主に、会計における記録面を担当する」(Tracy [2008] p.54) ことになり、簿記が会計目的を達成するために必要な手段であると説明されるわけです。このようなアプローチで簿記を取り扱っているのが、「Accounting」あるいは「Financial Statements」という言葉がタイトルに使われている書籍です（以下、「Accounting書籍」）。

一方、（2）のアプローチでは、簿記という道具を使うと何が可能になるかが説明されます。もちろん、貸借対照表や損益計算書等の決算書を作成できるということが述べられますが、一定のルールにしたがって帳簿に記録し、その記録を残すことによって、**内部統制**が可能になり、資金管理が容易になる点が強調されます。日頃、簿記とは無関係の仕事をしてい

ると、「簿記は日々の取引を記録するだけのもの」と思い込みがちですが、簿記によって生み出された情報を使って、さまざまな管理が容易になるのです。このようなアプローチで簿記を取り扱っているのが、「Bookkeeping」という言葉がタイトルに使われている書籍です（以下、「Bookkeeping書籍」）。

ところで、米国では、現時点では、bookkeeperになるために必要な資格はありません（Label [2010] p.5）。そのせいなのか、「Bookkeeping書籍」においては、現実の個人商店（企業を含む）での取引を想定し、その取引の処理方法を説明する形で簿記の一連の流れが説明されます。つまり、「Bookkeeping書籍」では、現実の実務の解説書としての役割を果たすことが目的とされているようです。

このように、米国では、会計（Accounting）と簿記（Bookkeeping）は区別されていますが、「Accounting書籍」のなかでも簿記の説明のために独立した1つの章が割かれており、『教養としての簿記』をテーマとした本書では無視するわけにはいきません。単に、「Bookkeeping書籍」だけではなく、「Accounting書籍」のBookkeepingに関する章についても、その内容をみる必要があると思います。そこで、本章では、「Accounting書籍」と「Bookkeeping書籍」に分けて、その内容をみていくことにします。

II 対象書籍の抽出

「Accounting 書籍」や「Bookkeeping 書籍」は非常に多く出版されています。また、本章の対象は専門家以外の人々を対象とした場合には、専門家以外の人々のなかでも特に Accounting および Bookkeeping のテーマを考えた場合には、専門家以外の人々のなかでも特に Accounting および Bookkeeping の初学者を対象としたテキストを取り上げることが適切でしょう。

そこで、数多くの「Accounting 書籍」および「Bookkeeping 書籍」のなかから、簿記・会計の初学者を対象とした書籍、かつ、多くの人々に読まれている書籍を取り上げたいと思います。「多くの人に読まれている」書籍とは、よく売れている書籍であると考えられます。

本章では、売上ランキングの上位に並んでいる書籍を「多くの人に読まれている」書籍であると判断します。米国におけるすべての書籍の販売状況を知ることは困難なので、インターネット書籍販売大手のアマゾン社の売上ランキングを代替的に使用しました。

1 「Accounting 書籍」

図表2-1では、「Accounting 書籍」上位100冊の内訳を示し、図表2-2では、その上位100冊のうち、初学者を対象としているテキストを抽出しました（2011年1月25日付）。上位100冊中、初学者を対象とした「Accounting 書籍」は6冊です。6位の著

図表2－1 「Accounting書籍」上位100冊の内訳

内　容	割　合
初学者向け	6
専門書（財務会計・管理会計）	36
専門書（財務分析・税・監査）	17
実務書（基準・非営利・ソフト）	13
個人投資	16
資格・その他	12

図表2－2 初学者向け書籍

順位	著者・書名
6	Ittelson [2009] Financial Statements
12	Tracy [2008] Accounting for DUMMIES
13	Mullis and Orloff [2008] The Accounting Game
36	Mohr [2010] Bookkeeper's Bootcamp: Get a Grip on Accounting Basic
77	Tracy [2006] Accounting Workbook for DUMMIES
79	Label [2010] Accounting for Non-Accountants

図表2－3 「Bookkeeping書籍」ランキング上位

順位	著者・書名
1	Flannery [2005] Bookkeeping Made Simple
2	Costa [2008] Alpha Teach Yourself Bookkeeping in 24 Hours
3	Mohr [2010] Bookkeeper's Bootcamp: Get a Grip on Accounting Basic
4	Epstein [2006] Bookkeeping for DUMMIES
5	Jaumann and Sherwood [2010] Secrets to Starting & Running Your Own Bookkeeping Business
6	Lerner [2009] Schaum's Outline of Bookkeeping and Accounting
7	Epstein [2007] Bookkeeping Workbook for DUMMIES
8	Pinson [2007] Keeping the Books
9	Pinheiro and Fontaine [2009] How to Start a Successful Home-Based Freelance Bookkeeping and Tax Preparation Business
10	Lerner [2003] Schaum's Easy Outline of Bookkeeping and Accounting

者であるIttelsonは生化学者、12（77）位の著者であるTracyおよび79位の著者であるLabelは公認会計士、13位の著者であるMullis and OrloffはEducational Discoveries社の役員、36位の著者であるMohrは証券アナリストであり、さまざまな立場の人々が初学者向け「Accounting書籍」を書いているようです。

2 「Bookkeeping書籍」

図表2-3に「Bookkeeping書籍」のランキング上位を示します（2011年1月25日付）。

3位のMohrは「Accounting書籍」でもランクインしていますが、内容的には「Bookkeeping書籍」であり、今後は「Bookkeeping書籍」として扱います。

Ⅲ 「Accounting書籍」の共通点

本節および次節では、「Accounting書籍」および「Bookkeeping書籍」の内容をみて、その共通点をあげようと思います。

本書のテーマは『教養としての簿記』です。『教養』を「社会生活を営む上で必要な文化に関する広い知識」（大辞泉）ととらえれば、『教養としての簿記』とは「社会生活を営む上で必要」であれば、簿記

と「社会生活」の関係に関する記述があるはずです。つまり、どの書籍にも書いてある事柄であれば、それは「社会生活を営む上で必要な簿記に関する知識」であり、必要最低限の事項であると解釈できるでしょう。そこで、各書籍の共通点をあげることで、簿記に関して必要な最大公約数的な知識＝『教養としての簿記』を明らかにできると思います。

1 「Accounting書籍」における簿記のとらえ方

本節では初学者向け「Accounting書籍」のうち、36位のMohr [2010] を除く5冊を取り上げます。

「Accounting書籍」の1つめの特徴的な共通点は、貸借対照表を使った説明がされるという点です。貸借対照表を会計のベースと位置づけ、その変化を貸借対照表等式に当てはめて説明されます。たとえば、次のような企業活動での貸借対照表の変化を説明するのです。

> 商店を設立 → 商品仕入・固定資産の購入等 → 商品売却 → 決 算

Mullis and Orloff ではレモネード販売店が、Label では自転車販売店が設立されます。また、Tracy は典型的な小売業の決算書を使って、Ittelson は決算書のひな形を使って説明されます。Label は、次のような例を使って説明します (Label [2010] p.57)。

①	資　産	＝	負　債	＋	純資産
	現　　金　＋＄3,500	＝			純利益　＋＄3,000
	棚卸資産　△＄2,000				
	売掛金　＋＄1,500				

②

資　産	＝	負　債	＋	所有主持分
＋Debit		＋Credit		＋Credit
－Credit		－Debit		－Debit

合計＄5,000の自転車を販売しました。それらの原価は＄2,000です。購入者は＄3,500を現金で支払い、残額＄1,500は6日以内に支払うと約束しました。このとき、A（資産）＝L（負債）＋OE（純資産）という貸借対照表等式に与える影響は①のとおりです。

そして、この貸借対照表等式における計算を行う手法として、複式簿記が紹介されます。TracyおよびLabelでは、貸借対照表等式の左辺と右辺の増減を、Debit（借方）とCredit（貸方）に分けて記録する方法が複式簿記であると説明します。

表現方法は多少異なりますが、Tracyでは99頁、Mullis and Orloffでは28頁、Ittelsonでは78頁において、同様の説明がなされています。

この説明から、「Accounting書籍」では、「貸借対照表の変化を貸借対照表等式に当てはめて考えること」と、「複式簿記を実践すること」を、同じこととしてとらえ

192

ていると指摘できるでしょう。なお、Mullis and Orloff と Ittelson では複式簿記に関する記述はありませんが、書籍のいたるところで貸借対照表等式を用いた説明をすることで、読者は複式簿記の考え方を自然とマスターすることになります。なぜなら、資産・負債・純資産の要素を左右に分けて記録するのが貸借対照表だからです。また、Tracy のワークブックでも、同じ考え方に基づく問題が多数設定されています。

このように、「Accounting 書籍」では、貸借対照表等式を駆使できるようになることを目指し、複式簿記による計算（考え方）をマスターさせるような構成になっており、「Accounting 書籍」の1つ目の共通点といえるでしょう。

2 個人の生活と簿記

Tracy と79位の Label は、生活のあらゆる場面で簿記・会計の知識が使えることを強調し、簿記・会計の知識が重要であると説明します。たとえば、「あなたの個人的な生活において、あなたは株式投資、ローンの借入れ、将来の職業の評価（evaluating potential jobs）に関する意思決定を行うために、会計情報を利用でき」（Label [2010] Introduction）、「あなたが自宅を抵当に入れるときには、あなたに対して貸し手が請求してくる利息を計算する会計手法を理解すべき」（Tracy [2008] p.17）というように、個人レベルでのお金の問題を解決する知識として話が展開されます。

Mullis and Orloffは、お金を生み出す（make money）ことが必要であり、生み出されたお金の計算方法を知っておくことが必要であると説明します（Mullis and Orloff [2008] p.1）。したがって、Mullis and OrloffもTracyやLabelと同じスタンスで書かれた書籍であるといえるでしょう。

一方、Ittelsonは、自らが興したベンチャー企業で簿記・会計の必要性を痛感した経験から、すべてのビジネスパーソンに対して簿記・会計の知識を提供することを目的とした書籍です（Ittelson [2009] p.1）。

このように、簿記・会計の知識を個人的な生活にも役立てられるという視点から、初学者向けの「Accounting書籍」が書かれている点が、「Accounting書籍」の2つ目の特徴的な共通点です。この背景には、米国において、個人のライフプランニング・マネープランニングに関する意識が高いことがあると思います。

「Accounting書籍」の上位100冊に「個人投資」に関する書籍が16冊もランクインしていますし、米国人は、個人資産の約5割を有価証券で運用しているという調査（FRB [2011]）もあるように、個人資産の約1割しか有価証券に回していない日本人と比較すると、お金に関する考え方が根本的に異なるのでしょう。有価証券投資には簿記・会計の知識が不可欠であり、簿記・会計の知識が個人的な生活と密接に結びつく社会であるといえるでしょう。

194

Ⅳ 「Bookkeeping書籍」の共通点

ここでは、「Bookkeeping書籍」ランキング上位（図表2－3）のうち、日本でも入手性の高いFlannery、Mohr、Epstein、Lerner、Epsteinを取り上げます。「Accounting書籍」でも5冊を取り上げましたので、「Bookkeeping書籍」においても5冊を取り上げ、ベストテンのなかでも日本でも入手性の高い（比較的早く届いた）書籍を選択しました。

「Bookkeeping書籍」の特徴的な共通点は、書籍タイトルに「Bookkeeping」という言葉が入っていながら、「どのように処理するのか」という視点よりも「何のために処理するのか」という視点が強調されていることです。特に、内部統制および資金管理のために簿記が行われるという記述は、日本の簿記テキストにはない特徴といっていいでしょう。

たとえば、「適切に現金コントロールを維持できるような会計手続きおよび会計記録のシステムをもつことが本質的に重要」（Lerner [2009] p.319）であり、レジ担当者がレジに売上を入力せず顧客から受け取った現金をポケットに入れるといった内部的な不正を行わせないために、レシート発行を帳簿システムに結びつける簿記処理システムが必要である（Epstein [2006] pp.105–106）といった具合です。

そもそも、「Bookkeeping書籍」は、「内部管理および納税のために、（決定的な証拠となる）各種証憑類を会計システムに入力し、保管することが重要」（Mohr [2010] p.14）、

図表２－４　各書籍の仕訳数

書　籍	Flannery	Mohr	Epstein	Epstein
仕訳数	7個	50個	32個	53問
全頁（問）数	140頁	185頁	360頁	228問
頁あたり仕訳数	0.05個	0.27個	0.09個	0.23個

「bookkeeperは小企業に関するすべての財務データを管理しなければならない」(Epstein [2006] p.1) といったように、経営者や記帳係など、すでに簿記を行わなければならない状態にある人を対象とした書籍です。だからこそ、「どのように処理するのか」という視点よりも「何のために処理するのか」という視点からの記述なのです。

書籍に登場する仕訳の数がこのことを表しています（図表２－４）。各書籍のなかでは、現金販売と掛け販売や、収益・費用の見越・繰延など本質的には重複する仕訳が示されているため、本質が異なる仕訳はもっと少なくなるでしょう。

また、Epsteinのワークブックにおいては、１０５問が処理の必要性あるいは処理の意味を文章で答えさせる問題となっており、「何のために処理するのか」を理解させる構成となっていることを裏づけるものといえるでしょう。なお、Lernerでは、各章において比較的多くの仕訳が扱われ、仕訳を行わせる演習問題が多数収録されており、日本における簿記テキストにもっとも近いという点を付記しておきます。

このように「Bookkeeping書籍」では、「どのように処理するのか」は重視しないので、具体的な会計処理をコンピュータに任せるための会

計ソフトの選択・インストール方法に関する説明の章が設けられています。極論すれば、「情報を入力する人は何が借方で何が貸方なのかを知る必要はない。なぜなら、コンピュータがすべて面倒をみてくれるからである」(Epstein [2006] p.85) という考え方なのです。仕訳を行わせる多くの問題演習が収録されている Lerner [2009] でも、会計ソフトの紹介だけではなく、具体的なソフトを用いたインストールや勘定科目の設定の説明までもが行われている点は、このことを裏づける証拠となるでしょう。

さらに、「Bookkeeping 書籍」は小企業の経営者兼 bookkeeper を対象としており、内容の4分の1程度が、政府に提出するための書類の作成・届出、税の計算に関する内容であることも特徴的な共通点の1つといえます。

このように、「Bookkeeping 書籍」は、不特定多数の人に対して簿記の有用性を伝えるというより、実務を行う必要があるという明確な目的がある人に対して、簿記および関連する事柄をまとめて伝えることを重視している書籍であるといえるでしょう。

V 米国の簿記テキストの特徴

米国における簿記テキストをみてきました。それらの特徴は次のとおりです。

（1）「Accounting 書籍」は生活のあらゆる場面で簿記・会計の知識が使えることを強調し、

197　第2章　米国における現在の簿記テキスト

貸借対照表等式を駆使できるようになることを目指すことにより、複式簿記による計算（考え方）をマスターさせるように構成されている。

(2)「Bookkeeping 書籍」は「処理の必要性」に焦点を当てており、仕訳が非常に少ない。小企業における簿記実務や関連実務を中心とした構成となっている。

第1章で述べられたように、簿記といえば検定試験の勉強であり、かつ仕訳という直感的ではない作業からはじめなければならなかった日本の状況を考えると、米国で主流であると考えられる貸借対照表を使った簿記の勉強は非常に参考になると思います。つまり、簿記には、借方と貸方に分けて記録する仕訳が必ず必要となると解釈するのではなく、貸借対照表を作成するといった別の表現方法もあり得ると解釈できるわけです。

日本でも個人が資産運用する機会が増えてきています。今後はさまざまな形式で、簿記が不特定多数の人々に対して普及されなければならないものになると考えられるのです。

〈参考文献〉

Costa, C. [2008] *Alpha Teach Yourself Bookkeeping in 24 Hours*, Alpha.

Epstein, L. [2006] *Bookkeeping for DUMMIES*, Wiley.

Epstein, L. [2007] *Bookkeeping Workbook for DUMMIES*, Wiley.

Flannery, D. A. [2005] *Bookkeeping Made Simple , A practical, easy-to-use guide to the basics of financial manage-*

ment, Bantam Dell Pub Group.

FRB (Board of Governors of the Federal Reserve System) [2011] *Flow of Funds Accounts of the United States*.

Ittelson, T. R. [2009] *Financial Statements: A Step-By-Step Guide to Understanding and Creating Financial Reports*, Career Press.

Jaumann, S. and C. Sherwood [2010] *Secrets to Starting & Running Your Own Bookkeeping Business: Freelance Bookkeeping at Home*, 1st Rate Books.

Label, W. A. [2010] *Accounting for Non-Accountants : The fast and easy way to learn the basics-*, Sourcebooks, Inc.

Lerner, J. J. [2003] *Schaum's Easy Outline of Bookkeeping and Accounting (4th Edition)*, McGraw-Hill.

Lerner, J. J. [2009] *Schaum's Outline of Bookkeeping and Accounting (4th Edition)*, McGraw-Hill.

Mohr, A. [2010] *Bookkeeper's Bootcamp: Get a Grip on Accounting Basic (Numbers 101 for Small Business)*, SelfCounsel Press.

Mullis, D. and J. Orloff [2008] *The Accounting Game*, Sourcebooks, Inc.

Pinheiro, C. and G. Fontaine [2009] *How to Start a Successful Home-Based Freelance Bookkeeping and Tax Preparation Business*, PassKey Publications.

Pinson, L. [2007] *Keeping the Books: Basic Recordkeeping and Accounting for the Successful Small Business*, Dearborn Trade Publishing.

Tracy, J. A. [2006] *Accounting Workbook for DUMMIES*, Wiley.

Tracy, J. A. [2008] *Accounting for DUMMIES*, Wiley.

第 3 章 日本における現在の簿記テキスト

本章では、現在、日本で多く読まれている簿記テキストを取り上げ、専門家以外の人々に対して、簿記の役立ちやしくみがどのように伝えられているのか、つまり、どのような考え方に基づいて、書籍を通じた簿記教育が展開されているのかをみていきます。本章において取り上げる簿記テキストも専門家以外の人々を対象としたテキストに限定することにします。

I　対象書籍の抽出 ―簿記検定試験テキストの除外―

米国の簿記テキストの分析では、「Accounting 書籍」と「Bookkeeping 書籍」に分けて、その特徴を分析しました。日本の簿記テキストの分析においても、基本的には同じ手法を用いることにします。つまり、初学者を対象とした書籍のうち、書籍のタイトルに「会計」や「決算書（財務諸表）」という言葉が使われている書籍（以下、「会計書籍」）と、タイトルに「簿記」という言葉が使われている書籍（以下、「簿記書籍」）について分析するという手法です。ただし、日本では複数の団体が簿記検定試験を実施しており、一般に簿記テキストと

いうとこの簿記検定試験のためのテキスト（以下、検定テキスト）を指すことが多いようです。

　第1章でみたように、簿記検定試験は簿記教育に多大な恩恵をもたらし、簿記の技術を有する人材を大量供給することによって、日本経済に大きな貢献をしてきました。簿記検定試験に合格するということは一定水準の簿記処理ができるということを意味し、特に高等学校における簿記教育は、均質な人材を大量供給することに成功しました。そのため、多くの人々は簿記の学習を行うさいには検定試験を意識するようになり、結果として簿記の勉強を行うためのテキストは検定試験を意識するようになりました。

　しかし、一方で、検定テキストに基づく学習は、実務との乖離というデメリットをもつことが指摘されています。たとえば、川村・増子は、「簿記教育に関する職業会計人の意識調査」のなかで、検定テキストにおける学習項目の一部の内容は実務と乖離しており（図表3－1）、その学習の必要性が低いと判断しています（川村・増子［2004］90－91頁）。

　図表3－1の項目をみてみると、簿記検定試験では定番の問題となっている項目が多いようです。たとえば、過去において、ほとんど毎回、図表3－1にも含まれる特殊仕訳帳制の問題が出題されています。しかし、現実にほとんど使われないあるいは意味をなさないような項目であれば、それがすべての人にとって必要な知識（教養）とはいえません。

図表3－1　検定試験と実務の乖離

コンピュータを使った現実の簿記処理になじまない学習項目	損益勘定の記入　大陸式決算法 補助簿　伝票会計　特殊仕訳帳制
実務上の取引数が減少していると思われる学習項目	当座借越の処理　為替手形の処理 裏書譲渡に伴う偶発債務の処理 荷為替手形の処理　委託販売の処理 割賦販売の処理

したがって、検定テキストを、本章での分析の対象外としたいと思います。本章のテーマは『教養としての簿記』ですから、検定試験の対策として専門技術を習得するためだけの書籍を対象外とすることは許されると思います。

本章でもインターネット書籍販売大手のアマゾン社の売上ランキングを使用し、数多くの「会計書籍」および「簿記書籍」のなかから、簿記・会計の初学者を対象とし、かつ、多くの人々に読まれている書籍を取り上げます。ただし、「簿記」というキーワードで検索した場合には、検定テキストばかりが抽出されてしまいます。そこで、それぞれを別個に検索するのではなく、「会計」というキーワードで検索を行い、その上位に含まれる初学者向け「会計書籍」と、(検定テキスト以外の) 初学者向け「簿記書籍」を抽出します。

1　「会計書籍」

図表3－2では、「会計」というキーワードで検索した結果示された上位100冊の内訳を示します (2011年1月25日付)。上位100冊中、30冊が会計や決算書に関する初学者向けと思わ

202

図表3－2　検索結果上位100冊の内訳

内　容	割　合
初学者向け（「会計書籍」）	30
簿記（「簿記書籍」）	15
専門書（財務会計・管理会計）	14
専門書（財務分析・税・監査）	8
実務書（ビジネス書）	24
資格・MBA・その他	9

れる書籍（「会計書籍」）、15冊が検定テキスト以外の簿記書（「簿記書籍」）です。

米国とは異なり、初学者対象の書籍が非常に多くランクインしている一方で、個人投資に関する書籍がまったくランクインしていないことが特徴的です。これは、日本において、個人の資産運用と簿記・会計を関連づける習慣があまりないことが原因の1つであると思われます。会計と資産運用が関連づけられていないということは、多くの日本人が、簿記・会計を経理などの「仕事」で使う知識・技術＝専門知識であると考えており、資産運用を行う「普段の生活」の場面に生かせるような知識・技術＝教養ではないと考えているのではないでしょうか。

図表3－3では、その上位100冊中のうち初学者を対象としている「会計書籍」を抽出しました。2位および9位の著者である國定氏は経営コンサルタント、3位の著者である高橋氏は官僚出身の大学教授（経済学）、10位の著者である山田氏は公認会計士、11位の著者である竹内氏は経営コンサルタント、

203　第3章　日本における現在の簿記テキスト

図表3－3　上位100冊中の「会計書籍」

順位	著者・書名
2	國定［2007］『財務三表一体理解法』
3	高橋［2010］『バランスシートで考えれば，世界の仕組みがわかる』
5	協和醗酵工業（株）［1978］『人事屋が書いた経理の本』
9	國定［2011］『ストーリーでわかる財務三表超入門』
10	山田［2005］『さおだけ屋はなぜ潰れないのか？』
11	竹内・青木［2009］『会計天国』

図表3－4　「簿記書籍」ランキング上位

順位	著者・書名
1	浜田［2005］『はじめての人の簿記入門塾』
16	弘兼［2006］『知識ゼロからの簿記・経理入門』
18	岩渕［2001］『ひとりで学べる簿記入門』
27	南［2007］『絵でみる簿記入門』
28	添田［2011］『マンガでわかるはじめての簿記入門』

青木氏は公認会計士であり、初学者向け「会計書籍」の多くは実務家によって書かれているようです。

2　「簿記書籍」

図表3－2で示した上位100冊のうち「簿記書籍」のランキング上位を図表3－4に示します。ここであげられた「簿記書籍」は検定テキストではありません。タイトルからもある程度想像できるように、完全な簿記初学者を対象として、できる限りグラフィカルに説明しようとしている書籍です。

Ⅱ 「会計書籍」の共通点

本節および次節では、「会計書籍」と「簿記書籍」の内容をみて、その共通点をあげようと思います。そうすることで、簿記に関して必要な最大公約数的な知識＝『教養としての簿記』を明らかにすることができると思われます。

本節では、図表3－3に示した初学者向け「会計書籍」のうち、9位の國定以外の5冊を取り上げます（9位の國定は2位の國定とほぼ同一内容なので除外します）。この5冊は、その内容から2つのタイプに分けることができます。

1 会計情報を使って身近な出来事を分析するタイプの書籍

1つは、会計情報を使って世のなかの出来事（問題）を分析することによって、会計の有用性を説明するタイプの書籍で、高橋、山田、竹内・青木が該当します。

高橋では、貸借対照表という簿記・会計におけるもっとも基本的なツールを使うと、莫大であると報道されている日本債務が実はそれほどではないレベルのものであることを説明しています。つまり、政府は債務の金額だけを報道機関に流しているだけであり、「日本の新聞記者やテレビの報道関係者は、役所の発表を批判的に読む能力がないために、役所の人に説明を受けると、それをそのまま書いてしまう」（高橋［2010］80頁）のですが、貸借

対照表に関する知識をもっていると、日本の状況を正しく理解できるというわけです。日本の状況を正しく理解することによって、適切な消費行動・選挙行動をとれるわけですから、この点では簿記・会計の知識が生活に影響を与えることになるということを主張しているといえるでしょう。

ほかにも高速道路、埋蔵金、金融政策、特殊法人の民営化、年金、財政といった問題を扱っています。テーマは非常に大きく、かつ、重いものばかりですが、市民生活に直結するものばかりで、そのような重要なテーマを考えるさいに会計の道具を使えることを主張している点は注目に値します。ここでは仕訳は出てきておらず、仕訳の結果作成される貸借対照表という情報をダイレクトに使って説明が展開され、手法としては米国の「Accounting 書籍」と同様のアプローチをとっています。ただし、個人レベルでのお金の話に会計の知識を利用できるかどうかについてはあまり重視していないようです。

山田は、「日々の現金の出入り、損得の判断、将来設計（ライフプランニング）……これらは私たちの生活に密着したものですが、会計の考え方が自然と取り入れられています」（山田［2005］8頁）から、「私がお伝えしたいのは生活にも密着した会計、いってみれば、『個人の会計』なので」（山田［2005］8頁）あり、「身近なものとして会計を使ってもらうことを目的にしています」（山田［2005］6頁）と述べています。

山田では、貸借対照表を使った家計分析の例が示されます。時価2,500万円のマンシ

206

ヨンと3,000万円の住宅ローンを抱えている家計に対して専門家が繰り上げ返済を勧めるような事例を批判しています。このとき、専門家から上記のような忠告がなされます。しかし、貸借対照表の本質を知っていれば、企業会計で使われる貸借対照表を個人生活にそっくりそのまま当てはめる必要はなく、もっと適切な意思決定ができると説明します（山田［2005］112－121頁）。

企業会計では将来の売上を資産として記録することはできませんが、個人の状態を判断する場合には将来の給料収入を含めて考えてもいいでしょう。将来の給料収入で債務超過を補うことは十分可能です。また、住宅ローンを組んでいる人は、強制的に生命保険に加入させられていますし、場合によっては個人でさまざまな保険に加入しているでしょう。つまり、何らかの理由により将来の給料がなくなったとしても、保険金収入があるわけです。

しかし、この債務超過という脅しをかける場合の個人の貸借対照表では、そのような項目は無視されます。山田は「決算書で出された数字は人々に説得力を与えるので、悪用はしてほしくないと切に願っている」（山田［2005］121頁）のであり、そのためには人々が個人の生活に適用できる程度の会計の知識をもつべきであることを主張しているといえます。

竹内・青木は会計のからくりを物語で説明する書籍です。そこで扱われているテーマは、

稼いでいる会社がなぜ倒産するのかなどで、粉飾決算はなぜどのように行われるのかなどで、個人生活に直結した話ではありませんが、一般の人が不思議に思っているテーマばかりです。そこでは、会計情報がいろいろな会社内の問題を解決するためのヒントを提供していることが主張されています。

以上の3冊は会計情報を利用する場面が異なりますが、何らかの目的を達成するために会計情報を利用するというアプローチをとっている点で共通します。そして、この3冊のなかでは仕訳はほとんど出てこず、決算書を使った分析が行われます。つまり、国民生活に直接的な影響を与える政策レベルの事柄、日々の生活に関する事柄、会社内で起こっている事柄など題材は異なりますが、いずれに対しても決算書（特に貸借対照表）から得られる情報が有用であることを示しているわけです。また、仕訳を使わず、現金以外の複数項目を同時に扱う貸借対照表を直接利用することの利点を主張しています。

以上のことから、アプローチとしては第2章の第I節であげた（1）のアプローチ（「Accounting 書籍」）が採っているアプローチに近いものということができるでしょう。

2 企業活動のなかでの会計をやさしく説明するタイプの書籍

もう1つは、企業活動のなかでの会計をやさしく説明するタイプの書籍で、國定、協和醱酵工業（株）が該当します。ただし、仕訳は一切使わずに、おもに会計情報の作成プロセス

208

と財務分析に焦点を当てています。

國定では、自分でネット販売を行う副業をはじめたという前提で話が進みます。基本的には決算書を読みたい人々に対して書かれた書籍であるとされており（國定［２００７］18頁）、扱われているのはおもに決算書の作成プロセスです。これまでの日本における会計関連の書籍にはないと思われる特徴的な点は、取引が行われるたびに決算書を作成するという米国の「Accounting 書籍」と同じ手法を用いている点です。事業をはじめた段階、事務用品を購入した段階、備品を購入した段階、取引の進行ごとに決算書を作成します。

このような手法がとられるのは、決算書が作成されるプロセスを知ることで会計のしくみが理解でき、決算書を読む能力を高めることを目的にしているからです。そのためか、作成プロセスが本書のほとんどの部分を占め、作成された決算書を利用する場面は少なく、一般的な財務分析の手法が（安全性分析や収益性分析）紹介されるだけです。そして、まったくといっていいほど、個人生活との関連で述べられている部分はありません。

協和醱酵工業（株）は、同社の企業研修で使われている手法が紹介されている書籍であり、おもに企業活動の管理に関連した内容です。できあがっている決算から自分の会社の弱点を発見する手法を学習し、実際の企業活動の管理に生かせるように訓練するための書籍です。そもそも、企業研修で利用される書籍であるので、このような構成になっているのでしょう。

ただ、このような書籍が売上ランキングの上位にきていること自体、多くの人が会計情報

（知識）の利用方法に関心をもっている証拠かもしれません。

以上の2冊は個人の生活との関連が考慮されずに書かれた書籍ですが、初学者に対して貸借対照表を中心とした説明がなされている点が共通しています。特に協和醱酵工業（株）[1978]において、1978（昭和53）年から、初学者に対して説明するさいに、貸借対照表を中心とした説明をしている点は注目に値すると思います。

しかしながら、決算書から得られる情報が個人レベルで利用できるような話は出てこないという点で、第2章第Ⅰ節であげた（1）のアプローチということはできません。むしろ、企業活動を管理するという点に着目しているのですから、第2章第Ⅰ節であげた（2）のアプローチに近いといえるでしょう。といっても、簿記そのものの話はほとんど出てきませんので、純粋に第2章第Ⅰ節であげた（2）のアプローチということもできないかもしれません。

Ⅲ 「簿記書籍」の共通点

次に、「簿記書籍」ランキング上位5冊を取り上げます。「簿記書籍」は簿記検定試験のテキストではないので、そのなかで簿記を勉強する必要性に関する説明があるはずです。

浜田は、「一言でいえば簿記とは、『お金やものの出入りを記録するための方法』であり、「生きているかぎり、お金やものの出入りはついてまわる」ので、「簿記は、一般教養としてすべての人が知っておくべき知識」であるといいます（浜田[2005]20頁）。

210

図表3－5　各書籍の仕訳数

書　　籍	浜　田	弘　兼	岩　渕	南	添　田
仕訳数	55個	73個	469個	154個	111個
頁　数	173頁	173頁	271頁	222頁	191頁
頁あたり仕訳数	0.32個	0.42個	1.73個	0.69個	0.58個

　弘兼は、「効率を上げるためにどうするか考え、自分の行動が数字にどうつながるかを意識しないと、結果は出せない」（弘兼［2006］12頁）と述べ、そのような論理的思考に簿記が役立つと考えられているようです。岩渕、南、添田でも、弘兼［2006］と同じスタンスです（岩渕［2001］12頁、南［2007］19頁、添田［2011］12頁）。

　これらの書籍で想定されているのは会社内での簿記の利用で、個人の生活への適用は想定されていません。さらに取引の場面ごとに「このような取引が行われたときにはこのような仕訳を行う」という形式の説明が展開されますが、米国の「Bookkeeping書籍」で重視されていた、「簿記が具体的にどのようなことを可能にするのか」について何らかの主張をしている書籍とはいえず、「処理のやり方」の説明に終始してしまっています。そのためか「簿記書籍」では仕訳が非常に多くなっています。

　浜田はもっとも少ない仕訳の個数ですが、米国の「Bookkeeping書籍」でもっとも仕訳の多かったMohrよりも多くなっています。そして、最大の特徴といえるのが、書籍のなかで示されるのは簿記検定試験で出題

211　第3章　日本における現在の簿記テキスト

される仕訳にほぼ一致しているということです。川村・増子［2004］において、簿記検定試験の出題範囲が実務と乖離している点が指摘されているにもかかわらず、簿記テキストでもない、言い換えると、簿記実務や生活での利用を想定すべき書籍においても、簿記検定試験が意識されているのです。浜田・弘兼・添田は全国経理教育協会主催の簿記能力検定試験2級、岩渕は同1・2級の範囲をほぼ網羅しています。

このことに注目すると、「簿記書籍」は第2章第Ⅰ節であげた（1）のアプローチでも、（2）のアプローチでもなく、タイトルに検定試験とうたっていない検定テキストであるといってもいいのかもしれません。

また、コンピュータ簿記に触れているのは岩渕のみであり、川村・増子が重要性の低下を指摘した伝票会計を扱っています。さらに、浜田・弘兼・添田では、各項目の概要についてマンガを使って説明したあとに、取引例を仕訳するというスタイルがとられています。

Ⅳ 日本の簿記テキストの特徴

日本における簿記テキストをみてきました。それらの特徴は次のとおりです。

（1）「会計書籍」では、貸借対照表を中心として会計情報の有用性が説明され、個人の生

212

活との関連が主張されているが、簿記との関連は一切説明されない。

（2）「簿記書籍」は検定テキストでないにもかかわらず、検定試験の内容に影響されており、『教養』として扱うべき内容とはいえない。

最近では、日本でも多くのマネー関連書籍が発売され、そこでの家計管理の第一ステップとして個人の貸借対照表を作らせることが多いようです。これまで日本の簿記教育は検定試験に対応することが主流であり、簿記の知識や手法を個人の生活に取り入れるような発想はなかったように思います。

『教養』としての簿記を考える場合には、個人の生活における簿記の役立ちを省くことはどうしてもできません。初学者を対象に、簿記の『教養』として扱うべき内容＝生活への役立ちを主張するためには、貸借対照表を重視した（グラフィカルに簿記を捉える）アプローチが重要になると思います。

やはり、簿記を借方と貸方に分けて記録する仕訳を必ず伴うものとだけ解釈するのではなく、貸借対照表を作成するといった別の表現方法を含めたものと解釈することによって、簿記が不特定多数の人々に対して普及されなければならないものになると考えられるのです。

もちろん、仕訳が不要というわけではありません。『教養』として簿記＝個人の生活に役立つ簿記を考えるさいに、仕訳を表現する方法が複数あってもいいという考え方のもと、その

教育内容を考えていくべきだと思います。

〈**参考文献**〉

岩渕昭子［2001］『ひとりで学べる簿記入門』ナツメ社。

川村義則・増子敦仁［2004］「簿記教育に関する職業会計人の意識調査」『日本簿記学会年報』第19号、85－93頁、日本簿記学会。

協和醱酵工業（株）［1978］『人事屋が書いた経理の本』ソーテック社。

國定克則［2007］『財務三表一体理解法』朝日新聞出版。

國定克則［2011］『ストーリーでわかる財務三表超入門』ダイヤモンド社。

添田裕美［2011］『マンガでわかるはじめての簿記入門』西東社。

高橋洋一［2010］『バランスシートで考えれば、世界の仕組みがわかる』光文社。

竹内謙礼・青木寿幸［2009］『会計天国』PHP研究所。

浜田勝義［2005］『はじめての人の簿記入門塾』かんき出版。

弘兼憲史［2006］『知識ゼロからの簿記・経理入門』幻冬舎。

南 伸一［2007］『絵でみる簿記入門』日本能率協会マネジメントセンター。

山田真哉［2005］『さおだけ屋はなぜ潰れないのか？』光文社。

第4章 コンピュータと簿記教育

コンピュータがこの世に誕生してから、コンピュータの発達とともに、簿記会計の領域においても、コンピュータとの関わりやその影響は大きくなってきています。簿記会計の実務や教育の現場においても、コンピュータ簿記やコンピュータ会計の普及が進んでいます。本書の目的の「教養としての簿記」を考えるにあたっても、コンピュータと会計の関わりを無視することは現実的ではないでしょう。

しかし、コンピュータを使った簿記会計の歴史は浅く、実務的な色合いが強いためか、その教育と研究のあり方について、あまり議論されてきませんでした。そのため、種々の疑問を感じている方が多いのではないでしょうか。たとえば、そもそもコンピュータ簿記とかコンピュータ会計とは何なのか、コンピュータを使った簿記教育がどれだけ導入されているのか、コンピュータの発展が従来の簿記教育にどのような影響を与えたのかなど疑問は多岐にわたります。

そこで、本章では、こうした疑問を出発点に、文献調査やインターネットによる調査を手がかりに、コンピュータと簿記教育の関わりについて現状を明らかにしていきます。

215

I コンピュータ簿記とは何か

コンピュータ簿記教育について説明するにあたって、本章で扱うコンピュータ簿記の意味を限定しておきたいと思います。コンピュータ簿記とは何かという最初の疑問点を明らかにしておきましょう。コンピュータ簿記とは、簡潔にいえば、コンピュータを用いて行う簿記ということができますが、コンピュータの発展とともにその意味も内容も名称も変遷してきています。コンピュータ簿記に類似した用語として、コンピュータ会計、パソコン会計、パソコン簿記、会計情報システム、情報会計、情報会計などが多く見受けられます。会計の世界で、コンピュータ簿記やコンピュータ会計ほど、定義が曖昧で類似した用語が多いものはないでしょう。

コンピュータ簿記の定義や類似した用語はなぜこのように混同して使われるようになったのでしょうか。そこで、過去の文献調査を手がかりに、コンピュータ簿記やコンピュータ会計の歴史的経緯をたどってみることにしました。具体的な調査方法としては、国立国会図書館蔵書検索システム（NDL-OPAC）による調査と、雑誌『企業会計』に掲載された、「コンピュータを使った簿記・会計」を意味する用語が出ている論文や記事、企業広告を調べました。

特に後者の調査では、コンピュータの発展との関係、企業経営におけるコンピュータの位

置づけおよび会計処理の事務処理方法との関係に留意しながら、アナログな検索方法で地道に調べてみました。また、コンピュータ簿記会計という用語をどこまで遡って調査するかについては、コンピュータが発明されたのが1946（昭和21）年で、企業経営に実用化されはじめたのが1950（昭和25）年前後ということを考慮して、遡る時期を『企業会計』の創刊号（1949年）以降に限定したのです。調査結果の概要を図表4－1にまとめてみました。

図表4－1から指摘できることを説明したいと思います。第二次大戦後、コンピュータが登場するまでの1950年代は、記帳会計機や穿孔機（＝パンチカード）という会計機械を用いて会計処理が行われていて、それぞれの会計機械の名称を用いて「記帳会計機会計」とか「穿孔（パンチカード）式会計」とよばれていました。これらの用語はほぼ同じ意味で使われ、このように会計機械を用いて行う簿記会計を、総じて「機械化簿記」「機械化会計」とよんでいたようです。

その後、真空管式のコンピュータ（第1世代）が大企業を中心に普及しはじめた1955（昭和30）年からトランジスタ式のコンピュータ（第2世代）が登場した1960（昭和35）年頃にかけて、電子計算機を用いて会計処理が行われるようになり、「電子会計」「EDP（Electrical Data Processing）」という表現が登場しはじめます。続いて、1965（昭和40）年頃にIC（集積回路）を搭載したコンピュータ（第3世代）が登場してコンピュータが小

図表4－1　コンピュータ会計・コンピュータ簿記という用語に関する年表

西暦 (和暦)	コンピュータ の発展	会計システムの 変遷	企業広告 (主に初登場の機械)／ 主な会計ソフト	論文・記事に 初登場した用語
		帳簿式(手作業)会計 ↓ 記帳会計機式会計 ↓ パンチカード式会計		
1946 (昭和21)年	第1世代(真空管)	↓		会計の機械化(1954.1)
1955 (昭和30)年	オートメーション 時代	EDP式会計	タイガー計算器(1956.7) IBM702型・電子計算機 械組織(1956.8) レミントンランド会計機 (1957.8) ナショナル簿記会計機 (1958.6)	穿孔式会計・パンチカー ド式会計 機械化会計・ 機械化簿記 (1957.7) EDP・電子会計 (1957.10)
1960 (昭和35)年	第2世代(トラン ジスタ) 事務専用コンピュー タ登場		日本電気トランジスタ式 電子計算機(1959.6) 大型汎用機続々 (1960年代)	
1965 (昭和40)年	第3世代 (IC＝集積回路) 小型化・高速化・ オンライン化	会計情報システム 経営情報システム	電子卓上計算機(1966) 日本電気超小型電子計 算機(1967) NCRのコンピュータ登 場(1968)	コンピュータという表 現(1965) EDP会計・EDP監査 (1967～68) EDPと経営情報システ ム(1967) コンピュータ会計・ コンピュータ簿記 (1969)
1970 (昭和45)年	第3.5世代(LSI)／ 情報化社会 集中処理から分散 処理		IBM新世代コンピュー タ(1971) JDL会計事務用コンピ ュータ(1974)	情報会計(1970) 電算機簿記 (1971)
1975 (昭和50)年	第4世代(超LSI)		EPSON会計事務用コン ピュータ(1977) 弥生会計(1978)	パソコン会計(1977)
1980年代	OA化社会		大番頭・ABC財務会計 システム(1980) ザ・パソコン会計TOP (1983) 大蔵大臣・農業経営簿 記(1986) PCA会計(1988)	パソコン簿記 (1985)
1990年代	ネットワーク化社会		勘定奉行(1993), 会計王(1995)	
2000年代	インターネット社会			

型化・高速化・オンライン化すると、「コンピュータ簿記」「コンピュータ会計」という表現が登場しました。

さらに、1970年代に入り、LSI（大規模集積回路）を搭載したコンピュータ（第3・5世代）が登場すると、情報化社会が進行して、「情報会計」「会計情報システム」などの表現もみられるようになりました。そして、1975（昭和50）年以降、超LSIを搭載したコンピュータ（第4世代）が登場すると、コンピュータの超小型化が進み、いわゆるOA化社会が進行して、「パソコン」「パソコン会計」という表現が登場したのです。

コンピュータの発展とともに、会計システムは、帳簿（手作業）式会計→記帳会計式会計→パンチカード式会計→EDP式会計→会計情報システムと変遷し、そのシステムを支える簿記の方も、手書き簿記→機械化簿記（会計）→電算機簿記（会計）→コンピュータ簿記（会計）・パソコン簿記（会計）と変化してきました。図表4－2は、調査した文献にみられる定義を表にまとめたものです。以上の考察から、今日のコンピュータ会計の起源となる用語は「電算機会計」、コンピュータ簿記の起源となる用語は「電算機簿記」といえるでしょう。

その一方で、1966年にアメリカ会計学会が公表した『基礎的会計理論に関する報告書（ASOBAT）』によって、簿記会計の意義や役割が、財産管理や**会計責任**を果たすという目的から情報利用者の意思決定に役立つ会計情報を提供するという目的に変容しはじめまし

図表4－2　コンピュータ会計とコンピュータ簿記の定義

時代背景	コンピュータ会計	コンピュータ簿記
機械化の時代	**機械化会計** 「企業が経営活動の諸会計現象を機械によって処理する会計」 （大山［1962］39頁）	**機械化簿記** 「近代化された企業の統計的把握方式として，原始的・手工芸的による簿記を脱皮して合理的・機械技術的手段によるものに成長して変化しているもの」 （伏見［1962］4－5頁）
大型電子計算機化の時代	**電子会計** 「会計事務に適用される電子計算機をEDPMとかEDPと称し，電子計算機による会計事務処理のことを電子式事務処理・会計事務のオートメーション，電子会計等と呼んでいる」 （佐藤［1957］45頁）	**コンピュータ簿記** 「電子計算機を処理手段として遂行される自動作業」 （品田［1969］1頁） （注）著書名はコンピュータ簿記であるが，本文では電子計算機と表現されている箇所が多い。 **電算機簿記** 「電算機を用い，簿記書に現れた伝統的簿記を行わせ，単に記憶力のみに頼る雑務から人類を解放」 （井上［1971］1頁）
小型コンピュータ化の時代	**コンピュータ会計** 「企業活動の会計事象をコンピュータシステムによって処理すること」 （池田［1994］2頁） **コンピュータ会計** 「経済活動から生じる会計事象を，パソコンやオフコンなどを使用して処理し，必要な会計情報を加工・作成する会計のこと」 （山本［2001］2頁）	**パソコン簿記** 「パソコン簿記とはこれまで複式簿記に関する作業とされてきた（中略）一連の作業を，パソコンを使って行うこと」 （三澤［1989］156頁） **コンピュータ簿記** 「コンピュータ処理を前提とした簿記処理」（伊藤［2000］190頁）

た。簿記会計の領域で2つの環境変化が起こる過程で、コンピュータ処理を前提として構築される会計のしくみを意味する「会計情報システム」と、情報利用者の意思決定に役立つ会計を意味する「情報会計」が混同して用いられることが多くなってきました。

こうした状況のなかで「コンピュータ簿記」や「コンピュータ会計」という用語

が使われたたために、コンピュータを使った会計や簿記を意味する用語が曖昧なままに広がってしまったものと考えられます。

以上の考察を踏まえて、本章では、コンピュータを使った簿記を「コンピュータ簿記」と定義します。また、「コンピュータ簿記の教育」という表現は、「コンピュータを使った簿記教育」の2つの内容を示すものと考えられますが、本章では両方の内容を含むものとします。次節では、文献調査に基づいて、コンピュータ簿記が普及したことによる簿記教育への影響とコンピュータを活用した簿記教育の新たな可能性について説明したいと思います。

II コンピュータの発展が従来の簿記教育に及ぼした影響

1 コンピュータを使った簿記会計教育の状況

第3世代のコンピュータが登場した1965（昭和40）年以降、会計教育や簿記教育の現場でもコンピュータを使った簿記会計の教育についての調査研究が行われはじめました。しかし、当時のコンピュータは高価で、教育現場にコンピュータが導入されるケースは少なかったこともあり、こうした議論はみられなくなりました。その後、ネットワーク社会が到来した1990年代になると、教育現場にもコンピュータが普及しはじめ、コンピュータを活用した簿記会計教育の体系化を試みる研究が見受けられるようになりました。本項では、こ

うした過去の研究成果を調査して、コンピュータを使った簿記会計教育の状況を明らかにしたいと思います。

コンピュータの発展を前提とした会計教育について、はじめて本格的な調査が行われたのは、1966（昭和41）年に日本会計研究学会会計教育特別委員会報告が発表した「会計教育とEDP」です。会計教育におけるEDP教育の必要性を検討した結果、会計から会計情報システムへの変革を認識して、科目編成に会計情報システム論を設置する必要を認め、会計諸科目においてもEDP教育を導入すべきとの考えを打ち出しました。当時、アンケートを実施した16校のうち「機械会計論」という科目を設置していたのはまだ2校だけでした。

続く翌1967（昭和42）年に同委員会は「会計教育とEDP」という報告書を発表し、会計教育にEDP教育が必要であると打ち出しました。しかし、EDPが会計実務・会計理論に及ぼす影響は流動的であること、また教育用電子計算機の普及に差異があることを理由として、会計諸科目におけるEDP教育のあり方を示すのは時期尚早であると判断したのです。結局、同報告書ではEDPを単なる手計算の代用ではなくTotal Information Systemとして使うべきとするEDP会計の将来構想を提示するにとどまり、コンピュータを使った簿記教育は、教育現場にコンピュータが普及するのを待たねばならなかったのです。

第4世代のOA化社会に入り、教育現場に徐々にコンピュータが普及しはじめました。1982（昭和57）年に発表された日本会計研究学会「わが国の大学におけるEDP会計教

育の特別委員会」の調査によれば、会計教育におけるコンピュータの利用は89校中20校（約22％）でした。その後の調査では、1989（平成元）年の佐藤宗弥の調査によると204校中49校（約26％）、1990（平成2）年の竹森一正の調査によると95校中27校（約28％）、1992（平成4）年の亀井孝文・林昌彦の調査では113校中41校（約36％）、1995（平成7）年の日本会計研究学会「スタディグループ報告」の調査によると73校中34校（約46％）、2000（平成12）年の成田博の調査では120校中67校（約56％）と年々増加しているのがわかります。

こうした傾向からみますと、現在では多くの教育現場でコンピュータを利用した簿記会計教育が行われていると推察でき、コンピュータを使用した簿記を前提とした簿記教育がどうあるべきかを明らかにする時期がきているといえます。

2 従来の簿記教育からコンピュータ簿記教育へ

次に、かつて手作業で行っていた簿記処理が、機械化、コンピュータ化されるにしたがって、簿記の意義や役割がどのような影響を受けてきたのかを、コンピュータ簿記に関する先行研究を手がかりに考察してみます。

コンピュータが登場する前段階として、記帳会計機やパンチカードが登場して、会計処理や簿記処理の機械化がはじまりました。簿記の機械化は、「単なる過去の歴史的計算より脱

却して、今日の状態を捉える管理統計計算に簿記の重点を移したことに意味がある（伏見［1962］3頁）」として、簿記の機能を財務会計目的重視から管理会計目的重視へとシフトするきっかけとなったようです。

井上清はその著書のなかで、簿記のコンピュータ化は、「簿記書にある伝統的簿記を電算機に行わせて、人々の雑務からの解放を試みた」（井上［1971a］1頁）として、電算機処理を行うことによって伝統的簿記にどんな影響が生じるのかを検証しています。通常の簿記処理を、（1）データ入力（伝票作成）、（2）計算処理、（3）結果出力（（2）（3）はプログラム処理）といった電算機処理を行うことによって、量的な側面としては伝統的簿記が行っていた相当部分をこなすこと、質的な側面としては（1）の入力作業が電算機の苦手な領域として残ることを証明しました。1968（昭和43）年当時の公認会計士第2次試験の原価計算の問題（解答時間60分程度）を、わずかなデータ入力とプログラムを設定するだけで、わずか15秒で解答できることを示しています（井上［1971a］105－109頁）。

簿記処理の大半をコンピュータが処理してくれることは、簿記的作業がコンピュータへ入力する準備段階までと位置づけられることを意味します。井上は、（1）記帳可能な取引とは何か、（2）取引と科目にどんな関係があるのか、（3）複式（二面）で表現する根拠はどこにあるのかといった簿記の本質が、電算機用簿記伝票に端的に表れたと指摘しています。

224

（井上［１９７１a］113頁）。この指摘は簿記の本質を再確認させるものですし、コンピュータの登場によって簿記教育が変容するのかという問題や、簿記教育のあるべき姿とは何かを示唆するものと考えます。

井上は当時のアメリカにおける電算機会計教育の事例を紹介する文献で、電算機の登場による「電算機会計」の問題は、「何がどう変わるかを技術的に学習する第一段階」と「その変化の社会的意義を研究する第二段階」があると指摘しています（井上［１９７１b］146頁）。このことは、（1）コンピュータで処理することによって手書きの簿記がどのように変化するかを技術的に学び、（2）そのうえで、その変化が簿記処理や会計に与える影響を学ぶ必要があるということを指摘しているのではないでしょうか。

3　コンピュータを使った簿記教育のテキスト

コンピュータの登場が簿記教育に与えたこうした影響は、その後のコンピュータ簿記やパソコン簿記に関するテキストにも表れ、前述の（1）の技術的内容を伝える「コンピュータ簿記実践型」テキストと、（1）と（2）をバランスよく配置した「コンピュータを使った簿記教育型」テキストに分かれています。

前者の事例としては、大矢知浩司の著書があります。この著書では、簿記会計は1つの情報システムであることを前提に、簿記会計の知識のない人でも少しのトレーニングで簿記会

計処理ができ、知識も身についてくるシステムを考案しています。特にパソコンによる自動仕訳システム（ノン仕訳システム）に重点をおいた実務使用目的の解説書になっているのが特徴です（大矢知［1985］まえがき）。また、小澤・岩田の著書は、BASIC言語や表計算ソフト（ロータス）を利用して、教育現場に情報処理会計の学習を普及させるためのテキストになっているのが特徴です（小澤・岩田［1993］iii頁）。

後者の事例は、伝統的簿記教育を重要視するものと伝統的簿記教育からの転換を図るものとに分けることができます。伝統的簿記教育を重視した事例としては、山下寿文の著書があります。この著書は、伝統的簿記教育方法を中心に、パソコンによる簿記処理システム（簿記CAIシステム＝コンピュータ支援学習システム）を取り入れて説明したテキストです。山下は「ペンとそろばん（最近では電卓）をもって繰り返し練習することが、簿記習得の早道」（山下［1994］1頁）として、記帳練習を重視した沼田嘉穂の見解を基本的な立場としています。「伝統的な簿記教育の方法等が変化し、コンピュータによる簿記処理システムを取り入れながら説明」（山下［1994］5頁）しているのが特徴です。

一方、多くみられるのが、従来型の伝統的簿記教育からの脱却を主張するものです。三澤一は、コンピュータの出現により伝統的簿記の方法等が変化し、コンピュータによっても簿記の目的は達成でき、簿記や会計は財務会計目的だけでなく、管理会計目的に利用範囲が拡大しているため、データ処理（インプット）の方法だけでなく財務諸表（アウトプット）に

ついて分析・検討できる力が求められており、これらを対象にした教育が必要であると説いています（三澤［1989］155－156頁）。大学における簿記教育の課題として、複式簿記の基礎的理論と技法の理解が基本的目標となっている現状は、企業の会計実務から乖離しており、パソコン簿記を導入することによって、実務に近い簿記教育が実現できると主張しています。この場合は、従来の簿記教育で重視していた転記や帳簿締切りは不要となり、勘定科目や簿記処理の説明に時間を割けるとしています。

伊藤善朗は、コンピュータの出現が簿記教育のあり方を根本から変えたにもかかわらず、簿記書は旧態依然のままであり、簿記教育は変革を迫られていると指摘しています。コンピュータは会計帳簿の作成から人々を解放し、記帳技術からデータ処理技術の修得が必要とされているとの考えから、従来の簿記教育を簡素化して、簿記のしくみの理解にとどめ、実務学としての簿記教育の空洞化を回避するための唯一の方法として、簿記の学習を通じてコンピュータの知識が習得できるように開発した教材を紹介しています（伊藤［2000］189－190頁）。

宮武記章は、コンピュータの性能向上と普及が簿記の記帳技法に転換を迫っているにもかかわらず、教育現場は手書き簿記前提の検定中心のままで現実社会のニーズと乖離した教育をしているとして、その解決のためにはコンピュータ会計の導入が効果的であると指摘しています。簿記会計の基礎知識の学習とコンピュータ会計の学習は相互補完的な関係にあり、

これにより記帳レベルの理解・判断が意思決定レベルの理解・判断へとつながり、効果的な学習が可能であると主張しています（宮武［2005］87-88頁）。

さらに突っ込んだ主張として、町田耕一は、「手記による簿記はなくなり、コンピュータと簿記が融合してコンピュータ化された簿記になる」（町田［1995］はしがき4頁）と主張しています。また、簿記学習はコンピュータ簿記（簿記CAIシステム）を利用して仕訳の学習等をコンピュータ簿記で行うことにより会計情報としての検証可能なデータを作成する能力を養い、コンピュータ会計を利用して、コンピュータ簿記で作成したデータから目的適合的な会計情報を的確に作成できる能力を養うことができるとしています。ただし、注意点として、コンピュータ化はブラックボックス化を存在させ、混沌とした簿記システムとなるので、人の悪意や間違いを排除するよう、情報倫理や組織の経営統制（内部統制）の教育が必要となると指摘しています（町田［1995］4頁）。

これら4氏の主張はいずれも、従来型の簿記教育を質的に変化させて、その分をコンピュータ簿記教育の時間に割いて、実務としての簿記教育のあり方を問うものです。コンピュータの出現によって、簿記の本質や簿記教育の本質を再検討する必要があると考えます。

なお、高等学校におけるコンピュータ簿記教育の導入については島本［1994］が詳しく、1989（平成元）年の高等学校学習指導要領改訂で「簿記」の教科書にコンピュータ簿記に関する内容が加えられたことを背景に、簿記教育へのコンピュータの導入について、

228

アメリカの事例をもとに導入方法や留意点が述べられています。

Ⅲ　コンピュータ簿記教育の今後の課題

第Ⅰ節では、コンピュータの発展とともに登場したコンピュータ会計やコンピュータ簿記に焦点を当てて、特にコンピュータ簿記教育の現状を歴史的経緯とともに考察してきました。

第Ⅱ節では、コンピュータ簿記とは何かを定義すべく文献調査を行いました。コンピュータ簿記とは単純に表現すれば、「コンピュータを使った簿記」であり、簿記教育の観点からすると、コンピュータ簿記の教育とコンピュータを使った簿記の2つの側面があることがわかりました。また、コンピュータを使った簿記は手書きの簿記と比べると、人々を煩雑な作業から解放したことで、従来の財務会計的側面より管理会計的側面が重要視されるようになったことがその特徴として指摘できることが明らかになりました。その一方で従来型の簿記、特に伝統的な簿記教育はその本質を問われることとなったことも同時にわかりました。

次に、コンピュータ簿記教育の今後の課題として、会計教育の問題点の関連で指摘しておきたいと思います。私立大学情報教育協会の会計学教育FD／IT活用研究委員会が発表した「社会人に求められる会計力」によると、基礎的会計力とは、（1）作成者志向の会計力

229　第4章　コンピュータと簿記教育

（経済事象を抽象化する力）と（2）利用者志向の会計力（会計数値を読み解く力）であると述べています（河崎［2008］4頁）。

経済事象を会計数値に変換するのが会計システムあるいは複式簿記ですが、コンピュータやパソコン、会計ソフトが普及するなかで、大学の簿記会計教育の現場では手書き式帳簿記入法の教育機会が減少し、記録作成のための簿記会計から報告分析のための会計へとシフトしています。すなわち、情報提供側の専門型会計よりも情報利用者側のジェネラリスト教養型会計を重視して、簿記記帳の簿記会計教育を軽視する傾向にあるといえます（椎名［2008］2頁）。その一方で商業高校では依然として検定重視の訓練型簿記会計教育が行われています。

こうした状況において簿記教育はどうあるべきなのでしょうか。コンピュータ簿記教育のあり方はこの問題と不可分では考えられないと思います。

また、ビジネス教養教育としての会計教育においても同様の問題が生じていると考えます。簿記も含めた会計情報の作成を強調するインプット重視型の伝統的会計教育をすべきなのか、所与の会計情報を多面的に利用する点に重点をおいたアウトプット重視型の会計教育をすべきなのか、ネットワーク社会からユビキタス社会へと変化していく環境のなかで、会計力養成の観点から簿記教育はどうあるべきなのでしょうか。

従来型の「伝統的な簿記処理や会計基準の理解」に加え、学習者のレベルに応じて判断力

230

を養うような「コンピュータを活用した簿記会計教育」も重要になってくるのではないかと考えます。

〈引用文献〉

池田靖昭・池田隆行［1994］『コンピュータ会計の基礎（第2版）』中央経済社。

伊藤善朗［2000］「コンピュータ簿記教材の開発」『経営経理研究』64号、189－220頁。

井上清［1971a］『コンピュータ簿記』中央経済社。

井上清［1971b］「米国における「電算機会計」教育の一端」『會計』第99巻第1号、145－159頁。

大矢知浩司［1985］『パソコン簿記会計』実教出版。

大山政雄［1962］「機械会計の諸問題」『企業会計』第14巻第1号、39－44頁。

小澤新一・岩田壽夫［1993］『情報会計処理入門』オーム社。

河崎照行［2008］「社会人に求められる会計力－大学院（会計専門職大学院）における会計教育の問題点－」『平成一九年度会計学教育FD／IT活用研究委員会研究集会配付資料』私立大学情報教育協会、2008年3月21日。

佐藤孝一［1957］「会計の機械化と近代化」『企業会計』第九巻第11号、38－48頁。

椎名市郎［2008］「社会人に求められる会計力－学部教育の現状と問題提起－」『平成一九年度会計学教育FD／IT活用研究委員会研究集会配付資料』私立大学情報教育協会、2008年3月21日。

品田誠平［1969］『コンピュータ簿記会計』同文舘出版。

島本克彦［1994］「高等学校におけるコンピュータ簿記の導入について」『研究資料』第145号、神戸商科大学経済研究所、43－53頁。

伏見　章［1962］『要説　機械簿記』中央経済社。

町田耕一［1995］『コンピュータ簿記会計』創成社。

三澤　一［1989］「パソコン簿記と大学における簿記教育」『成蹊大学経済学部論集』第19巻第2号、155－163頁。

宮武記章［2005］「簿記会計初等教育に果たすコンピュータ会計の役割」『會計』第168巻第1号、87－101頁。

山下寿文［1994］『簿記システム概論』中央経済社。

山本　誠［2001］『マルチメディア社会におけるコンピュータ会計入門』中央経済社。

内部統制 ……… 186

　企業が事業目的の達成のために業務の有効性および効率性，財務報告の信頼性，事業活動にかかわる法令等の遵守ならびに資産の保全の4つの目的が達成されるように行われる組織の整備・運用。

日記帳 ……… 138

　仕訳帳に記入する前における取引の概要と金額を示す備忘記録のための覚え書き帳。

費　用 ……… 24

　従業員に支払う給料など企業の経営活動によって純資産（資本）の減少の原因となることがら。

複式簿記 ……… 20

　借方・貸方の二面によって記録・計算を行う簿記。

負　債 ……… 24

　買掛金や借入金などのように，将来，一定の金額を支払わなければならない債務。

分記法 ……… 145

　商品売買を記録する場合，商品を購入したときは商品勘定のみで記録するが，販売したときに原価を示す商品勘定と売買益を示す商品売買益勘定とに区分して記録する方法。

補助簿 ……… 140

　たとえば現金出納帳・仕入帳・売上帳・売掛金元帳・買掛金元帳などのように，主要簿を補うための詳細な内訳明細を記録するための帳簿。

流動性配列法 ……… 164

　貸借対照表において，資産は流動性（換金性）の高い科目から配列表示し，負債は返済期間の短い科目から配列表示し，その後，純資産（資本）を表示する配列方法。

　⇔ **固定性配列法**（貸借対照表において資産は，流動性（換金性）の低い科目から配列表示し，負債は返済期間の長い科目から配列表示し，その後純資産（資本）を表示する配列方法（あるいは，純資産（資本）は負債の前の冒頭に配列する方法））

総勘定元帳 ……… 24
　仕訳帳とともに主要簿とよばれ，勘定科目ごとに設けられた増加・減少を記録・計算する場所を集めた帳簿。

総記法 ……… 140
　商品売買を記録する場合，商品勘定のみを用い，商品を購入したときの原価で記入し，販売したときは売価で記録する方法。

損益計算書 ……… 24
　一定期間における費用・収益を表示する一覧表。

貸借対照表 ……… 24
　一定時点における資産・負債・純資産（資本）の残高を表示する一覧表。

貸借対照表等式 ……… 163
　資産・負債・純資産（資本）の関係を，資産＝負債＋純資産（資本）という代数的に示される等式。

貸借平均の原理 ……… 20
　複式簿記において，すべての取引が借方と貸方に複式記入される結果，借方記入の合計と貸方記入の合計が必ず一致し，また各勘定ごとに貸借差額を集計した借方の合計と貸方の合計も必ず一致する関係。

大陸式決算法 ……… 140
　帳簿決算時に，資産・負債・純資産（資本）の諸勘定の残高（繰越額）の仕訳を行い，残高勘定へ振り替えることにより勘定を締め切る方法。

棚卸資産 ……… 105
　商品・製品などの販売または原材料・消耗品などの消費を目的として所有する資産。

棚卸表 ……… 138
　損益計算書や貸借対照表を作成するために，決算整理に必要な事項を記載した表。

単式簿記 ……… 20
　借方・貸方二面によらないで一面だけで記録・計算を行う簿記。

転　記 ……… 141
　通常，仕訳帳から勘定科目の各口座に移記することをいい，帳簿から他の帳簿へまたは同一の帳簿へ移記する手続き。

資　産 ……… 24

　企業の経営活動を行うのに必要な現金・商品・建物などの財貨や売掛金などの債権。

試算表 ……… 120

　仕訳帳から元帳への転記の正否を検証するための集計表。

資本等式 ……… 153

　資産－負債＝純資産（資本）で示される簿記上の純資産（資本）を算出するための等式。

締切り ……… 151

　たとえば，仕訳帳を締め切るには借方・貸方の金額欄を計算し，合計額の上に単線，下に複線を引いて締め切るように，帳簿における計算の終了。

収　益 ……… 24

　商品を販売することによって生じる売上収益のような，企業の経営活動によって純資産（資本）の増加の原因となることがら。

収益・費用の見越・繰延 ……… 195

　見越は，適正な期間損益計算を行うために，期末において未だ収入や支出がなくても当期の収益・費用を計上すること。また繰延は，期中に収益・費用として処理された収入・支出のうち次期以降の期間に帰属する部分を，次期以降の収益・費用とすること。

主要簿 ……… 140

　すべての取引を発生順に記録する仕訳帳と勘定科目別に記録する総勘定元帳の2つの種類の帳簿のこと。

純資産（資本） ……… 24

　利益を生み出す源泉価値のことをいうが，簿記上通常，企業の資産から負債を控除した正味財産に対する抽象的な金額。

仕　訳 ……… 24

　取引を，借方要素を示す勘定科目とその金額，貸方要素を示す勘定科目とその金額に区別して記入する手続き。

仕訳帳 ……… 24

　取引の仕訳を，発生日付順に記入する帳簿。

うために，固定資産の取得原価を一定の計画に基づき規則的に計上する費用。

固定資産 ……… 25

建物・土地などの長期にわたって利用し短期間に処分することを目的としない資産。

財産法 ……… 138

会計期間の初めの純資産（資本）と終わりの純資産（資本）を比較することにより損益を計算する方法。

⇔ 損益法（会計期間の収益と費用を比較することにより損益を計算する方法）

財産目録 ……… 69

一定時点におけるすべての資産・負債を実際に調査（実地棚卸）を行うことにより，財産の種類・数量・評価額を記載した一覧表。

財政状態 ……… 28

通常，貸借対照表を作成することによって示される，一定時点における資金の運用状態を示す資産と資金の調達源泉を示す負債・純資産（資本）の状態。

財務会計 ……… 97

企業の経営成績や財政状態について，決算書（財務諸表）を作成することによって投資者・債権者・国・地方公共団体などの企業外部の利害関係者に報告する会計。

財務諸表分析 ……… 85

企業の経営成績や財政状態の良否について，損益計算書や貸借対照表などの財務諸表を分析資料として行う判断。

債務超過 ……… 86

支払不能とは異なり，負債の評価額の合計が資産の評価額の合計を上回る状態。

三分法 ……… 145

商品売買を記録する場合に，仕入・仕入返品・値引を記録する仕入勘定，売上・売上返品・値引を記録する売上勘定，売れ残り（繰越額）を記録する繰越商品勘定という3つの勘定を用いる方法。

勘　定 ……… 20

　簿記において，資産・負債・純資産（資本）の増減や費用・収益の発生・消滅を把握するためになされる記録・計算上の単位。

勘定科目 ……… 139

　たとえば，現金の増減を記録・計算する勘定科目として現金という名称が付けられるように，勘定に対して与えられる計算上の名称。

勘定式 ……… 151

　損益計算書や貸借対照表において，項目および金額を借方と貸方に左右対照して表示する形式。

　⇔ **報告式**（損益計算書や貸借対照表において，通常上下に加減する形式がとられ，簿記の勘定形式にとらわれず表示する形式）

管理会計 ……… 89

　企業の経営活動に必要な計数的情報を企業内部の管理者に報告する会計。

企業会計原則 ……… 28

　実務のなかに慣習として発達したもののなかから，一般に公正妥当と認められるところを要約したもので法令ではないが，すべての企業が会計処理を行う場合に従わなければならない基準。

キャッシュ・フロー ……… 48

　一定期間の資金の流入と資金の流出からなる，企業における一定期間における資金の流れ。

経営成績 ……… 28

　通常，損益計算書を作成することによって示される，一定期間における収益と費用の状況。

決算書（財務諸表） ……… 24

　通常，期末に作成され，財政状態や経営成績を利害関係者に伝達するための会計報告書。

原価計算 ……… 97

　財務諸表作成・価格計算・原価管理・予算・計画などの経営諸目的のために行う原価の計算。

減価償却費 ……… 83

　使用や時の経過などで固定資産の価値は減少するが，適正な損益計算を行

簿記用語集・索引

売掛金 ……… 26
　商品の代金を後日に受け取る約束で（掛けで）売り渡したときに生じる債権。

英米式決算法 ……… 140
　帳簿決算時に、資産・負債・純資産（資本）の諸勘定の残高を各勘定の上で直接に繰り越すための記入とその繰越記入の正確性を確かめるために繰越試算表を作成するとともに、直接開始のための記入も行い、勘定を締め切る方法。

会計責任 ……… 219
　他人（委託者）の財産の管理・運用を任された者（受託者）が、本人（委託者）に対して負う、その管理・運用について記録し報告する義務。

貸　方 ……… 21
　資産の減少、負債・純資産（資本）の増加、収益の発生、費用の消滅を記入する勘定ないし勘定口座の右側の欄。

株　式 ……… 73
　株主総会での議決権や剰余金配当請求権・残余財産分配請求権などのように、株式会社における社員（株主）としての地位。
　⇔ **社債**（株式と異なり償還期限が到来すれば元本が償還され、一般に株式会社が発行する債券）

借　方 ……… 20
　資産の増加、負債・純資産（資本）の減少、費用の発生、収益の消滅を記入する勘定ないし勘定口座の左側の欄。

監　査 ……… 71
　ある企業などの行為やその行為の結果を示す情報について第三者が独立した立場で行う検討・調査・その結果の報告。

《監修者紹介》

上野清貴（うえの・きよたか）
中央大学商学部教授。博士（経済学）。
1980年神戸大学大学院経営学研究科博士後期課程単位取得。同年九州産業大学経営学部専任講師，のち助教授，教授，長崎大学経済学部教授を経て，2008年より現職。税理士試験委員，日本会計研究学会理事，日本簿記学会理事，国際会計研究学会理事を歴任。

主要著書：『会計利益測定の理論』同文舘，1991年。
『会計利益測定の構造』同文舘，1993年（日本公認会計士協会学術賞受賞）。
『会計利益概念論』同文舘，1995年。
『会計の論理構造』税務経理協会，1998年。
『キャッシュ・フロー会計論』創成社，2001年。
『公正価値会計と評価・測定』中央経済社，2005年。
『公正価値会計の構想』中央経済社，2006年。

（検印省略）

2012年5月20日　初版発行　　　　　　　　　略称－簿記のススメ

簿記のススメ
―人生を豊かにする知識―

　　　　監修者　上野清貴
　　　　発行者　塚田尚寛

発行所　東京都文京区　　　株式会社　創　成　社
　　　　春日2-13-1

電　話　03 (3868) 3867　　FAX 03 (5802) 6802
出版部　03 (3868) 3857　　FAX 03 (5802) 6801
http://www.books-sosei.com　振　替　00150-9-191261

定価はカバーに表示してあります。

©2012 Kiyotaka Ueno　　　　　組版：でーた工房　印刷：亜細亜印刷
ISBN978-4-7944-1439-7 C3034　製本：宮製本所
Printed in Japan　　　　　　　落丁・乱丁本はお取り替えいたします。

創成社の本

親子で学ぶマネーレッスン
―おカネ・投資のしあわせな考え方―

岡本和久［著］

子どもと楽しく会話しながら,「おカネ」のことを学びたい！ 主人公の真央ちゃんやお父さん,お母さんと一緒におカネ・投資の正しい認識を身につけて,しあわせな人生を歩もう！

定価（本体1,500円＋税）

10代からはじめる株式会社計画
―経営学 vs 11人の大学生―

亀川雅人［著］

11人の学生が文化祭で模擬店を運営することに…。果たして会社経営に成功するのか？ 中学生から大人まで楽しめる経営学ストーリー。親子のコミュニケーションツールにもご利用下さい。

定価（本体1,600円＋税）

お求めは書店で

店頭にない場合は，FAX03(5802)6802か，TEL03(3868)3867までご注文ください。
FAXの場合は書名，冊数，お名前，ご住所，電話番号をお書きください。
ご注文承り後4～7日以内に代金引替でお届けいたします。